Au risque d'être soi

Éditions Eyrolles
61, bd Saint-Germain
75240 Paris Cedex 05
www.editions-eyrolles.com

ISBN : 978-2-212-57159-2

Myriam Brousse

Avec la collaboration de Lyse Harinck

Au risque d'être soi

Explorer les profondeurs de la mémoire du corps et dépasser enfin ses souffrances

Éditions
EYROLLES

Sommaire

Introduction

Mon précédent livre, *Votre corps a une mémoire* (Fayard, 2007), m'a fait un merveilleux cadeau : une rencontre avec des lecteurs, touchés par mon cheminement et celui de mes patients. Quelle joie pour moi de constater que ce livre avait atteint la mission que je lui avais confiée : expliquer mon travail sur la mémoire du corps et démontrer que la méthode inspirée par Mère et Sri Aurobindo[1] est, selon les mots de Mère, « réelle »,

1. Blanche Mirra Alfassa (1878-1973), dite Mère, née à Paris d'une mère égyptienne et d'un père turc. Elle épouse le peintre Henri Morisset et devient l'amie de Gustave Moreau, Auguste Rodin, Édouard Manet… Lors d'un voyage en Inde, aux côtés de son second mari, elle rencontre Sri Aurobindo (1872-1950, un des leaders du mouvement indépendantiste en Inde, philosophe, écrivain, maître spirituel, à l'origine du « yoga intégral »), dont elle deviendra la compagne des années plus tard. Ensemble, ils fonderont la cité d'Auroville. À partir de 1953, Mère comprend l'existence d'un « mental cellulaire » capable de transformer la condition du corps. C'est pour elle la découverte du grand passage à une autre « espèce » qui s'annonce et est déjà en marche pour l'humanité.

« concrète » et « vérifiable »[1]. Si tant de personnes ont été interpellées par mon travail, c'est parce qu'elles ont perçu que je l'avais construit sur la base des expériences de vie, de mes propres expériences et celles de mes patients.

Mes rencontres avec mes patients ont toujours guidé mes recherches et éclairent chacun de mes propos. Elles sont pour moi des apprentissages, des invitations à renouveler un questionnement, un « travail » sur moi-même. On ne peut être premier de cordée que si on sait tenir la corde !

Moi la première, je n'ai donc eu de cesse pendant ces années d'affiner et d'approfondir ce que nous appellerons la périlleuse rencontre avec nos mémoires. Car il est douloureux, souvent, de nous confronter à nos mortelles habitudes[2], à notre envie de ne rien changer pour continuer à être aimé et à garder nos repères. Comme est exigeante aussi la rééducation pour apprendre à nos cellules à se comporter différemment de ce qu'elles ont appris,

1. Pour les références à l'enseignement de Mère, se reporter à son *Agenda* (Satprem, *L'Agenda de Mère,* 1958-1973, 13 tomes, éd. Institut de recherches évolutives).
2. En référence à la notion de « mortelle habitude », développée par Satprem dans *Le Mental des cellules*, Robert Laffont, 1981, p. 54. Satprem (Bernard Enginger, 1923-2007), disciple de Mère et de Sri Aurobindo, a mis en forme l'*Agenda de Mère* à partir de ses notes et enregistrements réalisés durant les années qu'il passa auprès d'elle à Auroville.

un vrai défi quotidien en vérité ! Mais quel cadeau, si l'on veut bien emprunter cette voie, que d'en récolter le fruit, la libération de nos vieux schémas et la renaissance à nous-mêmes.

Ce précédent livre fut le temps de la recherche et de l'action. Vient maintenant le temps de la transmission. Non pas la transmission aux « spécialistes » – tous ceux qui ont bien voulu me rejoindre dans ma pratique –, mais à vous, lecteurs, à qui je veux montrer que nous pouvons, chacun, par notre conscience, permettre à l'esprit d'entrer dans la matière.

C'est en vivant nos expériences de plus en plus profondément et en regardant intensément au fond de soi que la conscience devient forte et éclairante. C'est l'inspiration de Sri Aurobindo : « conduire dans la matière l'aventure de la conscience », accompagnée par la réponse de Mère : « le chemin » est « dans le corps[1] ».

Je veux vous dire, cher lecteur, ce qu'est la force de l'Esprit dans la matière. Vous pouvez contacter cette force, dès lors que vous consentez à porter un nouveau regard sur vos expériences et vos souffrances, que vous osez traverser vos peurs. Ces peurs sont le chemin vers votre Être.

---

1. Satprem, *Le Mental des cellules*, *op. cit.*

Chapitre 1

Expériences de vie, quarante ans après

« Il y a bien des choses dont j'ai choisi de ne pas parler ici, parce qu'elles demandent du temps et qu'il faut tout un chemin pour qu'elles soient vues et entendues. » C'est sur ces mots que se concluait *Votre corps a une mémoire*. Le temps est venu de reprendre le fil, d'aller plus loin, pour parler de ces choses que j'avais choisi de taire alors.

Comme je l'ai raconté dans ce précédent livre, le maître tibétain qui m'a accompagnée pas à pas, voici plus de quarante ans, sur le chemin de la guérison m'a demandé, au terme de son initiation, de poursuivre mon chemin de mon côté, sans lui. Le temps était venu de mettre en pratique et de transmettre à mon tour ce qu'il m'avait appris. « Allez remplir votre mission, m'a-t-il dit après un rituel de séparation, laissez-vous inspirer par ce qui en vous est plus grand que vous. »

Ce que je me gardais de préciser dans *Votre corps a une mémoire* est que je vécus cette demande comme un véritable abandon. J'étais larguée. Et, comme à chaque fois que la vie nous présente de grandes épreuves, celle-ci me fit passer par une succession de phases réactives. Je fus d'abord submergée par la douleur et la révolte. Puis vint le découragement : je n'y arriverais jamais, je ne serais jamais à la hauteur de ce qui m'était demandé. Enfin, ce fut la rébellion, qui prit en l'occurrence la forme d'un voyage. L'occasion me fut en effet donnée de me rendre aux Philippines pour aller rencontrer les plus grands guérisseurs de ce pays. Si l'on ne compte plus aujourd'hui les offres de « stages » pour aller les consulter, ces thérapeutes étaient loin d'être aussi accessibles à l'époque, ne serait-ce qu'en raison du prix des billets d'avion pour se rendre là-bas. Du reste, seule une poignée de personnes avaient alors connaissance de leur existence et de leur façon si particulière de soigner, en allant toucher la maladie dans les corps éthériques[1] du patient. Mais en quoi saisir cette opportunité était-elle une forme de rébellion contre mon maître ? Parce que ce dernier avait toujours opposé un refus catégorique à mon désir d'apprendre à « lire » l'aura humaine ! Auprès des guérisseurs, ces secrets allaient enfin m'être dévoilés…

Ce premier voyage fut suivi d'autres au cours desquels j'apprenais à entrer, guidée par mon

1. Les notions de corps éthériques, ainsi que d'aura et de corps énergétiques mentionnées dans les lignes qui suivent seront explicitées au chapitre 7.

intuition, dans la compréhension du travail des guérisseurs. C'était impressionnant de voir les meilleurs d'entre eux entrer dans la salle de soins, dans un état de conscience modifié, et d'aller directement saisir l'entrée d'une maladie dans les corps énergétiques du patient avant même qu'elle ne touche son corps physique. Tous m'expliquaient leurs gestes avec beaucoup de simplicité. Cette expérience auprès d'eux me permit de mieux saisir ce qu'est l'aura humaine, ces enveloppes subtiles à prendre en compte dans toute guérison physique. J'étais certaine d'avoir fait un grand pas, d'être prête désormais à transmettre, à remplir ma mission, comme me l'avait demandé mon maître, mais forte de ce savoir qu'il n'avait pas voulu me donner.

Il pleure…

Et puis, un matin, je trouve un de ces brillants guérisseurs en larmes, retiré dans son bureau, le dos courbé, effondré. Je le questionne doucement : « Qu'as-tu ? Pourquoi pleures-tu ? » Après quelques instants, il relève la tête, essuie ses larmes et me parle d'une jeune femme qui vient de quitter sa salle de soins. « Elle est déjà venue il y a quatre ans pour "guérir" un méchant cancer, m'explique-t-il. Elle est repartie pleine de force, dans la certitude de sa guérison. Il y a deux ans, je la vois revenir, avec une rechute impressionnante. Une fois de plus, elle repart avec ses forces retrouvées. Et voilà qu'elle revient aujourd'hui, le mal la ronge de nouveau, sa rechute est très grave. Je ne comprends pas, je suis dans le doute de moi-même, comment ne pas me remettre en cause ? Où est l'erreur ? » Puis, après un silence… « Je crois qu'il faudrait donner un profond enseignement aux patients pour qu'une fois sortis de leur épreuve, ils acceptent de changer leur vie. Je ne sais pas, je ne sais plus… » Et il repart dans ses larmes. Je lui fais remarquer qu'il est justement un des rares à donner un enseignement aux personnes qui viennent le trouver, qu'il ne se contente pas de les soigner. « Ça ne va pas assez loin », me répond-il.

J'étais bouleversée par ce que je venais d'entendre. Je me retirais dans ma chambre, j'avais besoin d'entrer en moi-même, de méditer. Après quelques heures, je réalisais combien j'étais dans l'erreur en étant venue chercher aux Philippines ce que mon maître avait refusé de m'enseigner. Alors qu'il n'avait cessé de me répéter que, quoi que l'on ait à guérir, le plus important est d'aller chercher la cause profonde qui a amené cette souffrance. C'est cela qu'il m'avait enseigné avec tant de force et demandé de mettre en pratique. Et j'entendais de nouveau la parole de Mère : « Le passage est dans le corps. »

« Le passage est dans le corps »

Un matin d'octobre 2016, à mon réveil, alors que je tente de mettre un pied hors de mon lit, le sol semble se dérober sous mon corps. Impossible de faire un pas sans m'effondrer. Je me recouche, voulant croire que c'est un malaise passager. Mais le vertige se prolonge et obligation est faite d'appeler SOS Médecins. Le praticien diagnostique un simple malaise vagal, tout en prenant la précaution d'appeler un laboratoire pour procéder sur-le-champ à une analyse de sang. Plus les heures passent, plus mon mal-être grandit. J'ai la sensation que la vie s'échappe.

Le médecin me rappelle : « Je viens de recevoir vos analyses, vous êtes en train de faire une hémorragie interne, m'annonce-t-il. Vous devez être hospitalisée au plus vite, je vous envoie une ambulance. »

Comme toujours, je me révolte… « Ah non, pas tout de suite et pas n'importe où ! J'ai besoin de temps pour me retourner et j'entends choisir moi-même l'hôpital où je vais atterrir. » « Nous ne nous sommes pas bien compris, madame Brousse, réplique-t-il, c'est urgent. Il n'est ni question de temps ni de choix de destination ! » Quelques passes verbales plus tard, nous tombons d'accord, ou plutôt je me rends. Je me retrouve sur un brancard, dans une ambulance, direction les urgences d'un grand hôpital parisien.

Mon compagnon et ma fille sont avec moi. Je reste très éveillée, bien décidée à ne pas perdre le contrôle des événements. Mais très vite, infirmières et médecins prennent les choses en main et m'annoncent qu'ils vont procéder à une transfusion sanguine. Malgré le tact et la gentillesse dont ils font preuve, quelque chose en moi se rebelle. Recevoir le sang d'un donneur inconnu… Cette perspective m'est insupportable. Mais je n'ai pas le choix, l'équipe qui m'entoure procède déjà à la préparation de la transfusion. Plus le moment approche, plus la colère monte en moi… Recevoir un sang qui ne m'appartient pas sans au moins pouvoir m'y préparer, prendre un temps pour entrer dans un semblant de consentement, c'est là une perspective que tout en moi refuse. Je me vois dans mon refus, un défaut que je connais bien. J'en suis là de ma révolte intérieure quand la transfusion commence.

Et l'inattendu se produit. À cet instant, un retournement s'opère en moi. Tranquillement, doucement, je me surprends à accueillir ce sang qui commence à couler dans mes veines. J'accueille et je dis oui. Ce mouvement me fait franchir un seuil supplémentaire dans l'acceptation, un pas immense en réalité. La sensation de douceur fait place à une grande chaleur dans le cœur, je m'abandonne au don qui m'est fait, j'entre dans une profonde « com-union » avec ce ou ces donneurs que je ne connais pas. Plus j'accueille, plus j'accepte, plus cette communion est intense. Tout mon être résonne d'une vibration d'amour incroyablement puissante, vibration que je n'ai encore jamais contactée dans cette ampleur. Un amour que je reçois à travers ce sang. Dans ce mouvement de réception, je sens mon cœur s'offrir pour donner à son tour. Recevoir et donner. N'est-ce pas exactement cela que l'on appelle l'amour ? N'est-ce pas tout l'enseignement que j'essaie de transmettre aux êtres en souffrance qui viennent à moi ? Le sang est porteur de l'âme, m'a appris mon maître tibétain… Je suis en train de communier à l'âme humaine.

Ce don du sang me permet d'entrer dans un état de conscience ni plus ni moins libérateur. Et je sens la vie circuler de nouveau en moi. Cette expérience est si forte que je ne perçois pas les heures qui s'écoulent. Jamais je n'oublierai cette nuit qu'il m'a été donné de vivre sur ce lit des urgences. L'expérience alla plus loin encore, j'y reviendrai le moment venu.

Sans avoir fermé l'œil un seul instant, je me retrouvais le lendemain matin dans ma chambre d'hôpital. Demeurant dans cette conscience pleine, précise, aiguë qui ne m'avait pas quittée depuis le premier instant de la perfusion, je réalisais à quel point j'avais jusque-là donné prise aux dogmes et aux rigidités en refusant de reconnaître du sens à ces dons sanguins que des êtres humains font en permanence. Et je rêverais que ces êtres puissent à leur tour accéder à la pleine conscience de leur don, que celui-ci cesse d'être un simple geste technique et charitable pour se révéler dans toute sa puissance et sa valeur.

La suite de mon hospitalisation fut baignée de la même paix, de cette même ouverture tranquille. Deux jours après ma transfusion, ma fille[1] entrait triomphalement dans ma chambre d'hôpital, avec dans les mains ma « grille de vie[2] » : « Maman, c'est incroyable, s'exclama-t-elle, ce que tu vis là est exactement en face de ta première hospitalisation ! » Elle faisait référence à ma précédente hospitalisation, la seule que j'avais vécue jusqu'à

1. Véronique Brousse, créatrice de la méthode de biorésonance cellulaire et auteure de *Si mon corps m'était conté* (Quintessence, 2013).
2. La grille de vie est un outil utilisé par les praticiens en mémoire cellulaire. J'en ai donné un éclairage détaillé dans mon livre précédent (*Votre corps a une mémoire*, Marabout, 2011, p. 82 [édition originale Fayard, 2007]). Cet outil se fonde sur les « cycles biologiques cellulaires mémorisés » théorisés par le psychologue clinicien Marc Fréchet (1947-1998). Selon ce principe, les événements importants de la vie d'un individu se produisent de manière cyclique, à un rythme mémorisé par le corps. Il en découle un jeu d'échos entre des événements reliés à une même cause originelle.

ce matin d'octobre, suite à mon cancer et dont je parle longuement dans *Votre corps a une mémoire*. Voilà une illustration parfaite des résonances que met à jour la mémoire cellulaire.

Le matin suivant, un infirmier, grand et bel homme, d'une autre culture que la mienne, rassurant par la force qu'il dégageait, impressionnant aussi, entrait dans ma chambre. Il m'annonça qu'il venait pour ma toilette. J'étais encore très faible, je tenais à peine debout. Mais mon manque de force n'était pas le pire… Il s'agissait de me mettre nue sous la douche et de m'en remettre à cet homme inconnu, de passer au-delà de toute pudeur. On imagine la difficulté qui fut la mienne. Pourtant, une nouvelle fois, mon appréhension se fondit dans ce qui jaillissait de moi depuis cette nuit de transfusion : « C'est ton frère, me dis-je, continue à ouvrir ton cœur à l'âme de l'humanité. »

Ensuite, il fallut descendre au bloc où je fus reçue par une nouvelle équipe soignante. Elle m'annonça que l'on allait m'endormir pour des examens internes. Là encore, je constatais à quel point l'ouverture de ma conscience me permettait d'être paisible, accueillante à ce qui venait. Je m'endormais et me réveillais tranquillement, dans la paix et la confiance.

Contrairement à il y a quarante ans, où je touchais l'angoisse de la mort, cette épreuve de la maladie, qui une nouvelle fois me conduisait à la frontière de la vie et de la mort, fut environnée de lumière. Je me suis sentie accompagnée par une force étonnante, dans la certitude que la vie m'était de nouveau offerte pour continuer à transmettre. Je repris le chemin de ma chambre, accompagnée par des infirmières et infirmiers dévoués et compétents auxquels je rends chaleureusement hommage ici.

Je dis en riant aujourd'hui que je profitais en toute sérénité de ces jours de repos, aussi difficiles fussent-ils à vivre sur le plan physique. Cette expérience du « réel, concret et vérifiable » dont parle Mère me prouve s'il en était besoin que l'aventure de la conscience et l'aventure humaine ne font plus qu'une dès lors que l'on s'abandonne à la descente dans notre corps.

Oui, expériences de vie quarante ans après.

Chapitre 2

Qu'est-ce donc que cette conscience ?

Les livres sur la spiritualité, sur le développement personnel prennent de plus en plus de place dans les rayonnages des librairies. Même au supermarché, il est désormais possible de mettre dans son Caddie un petit manuel de philosophie de vie, au milieu des laitages, des steaks et des sodas. Or, en exagérant à peine, le mot conscience revient à chaque page de ces ouvrages. L'expression « ouverture de conscience », que je viens moi-même d'employer dans le premier chapitre de ce livre, est sur les lèvres de quiconque s'engage sur un chemin spirituel. C'est là une excellente nouvelle, le signe que des enseignements, autrefois réservés à une poignée d'initiés, sont désormais à la portée de toute la société. Mais pour que la vulgarisation et la démocratisation de cette connaissance soient bénéfiques, encore faut-il que cette dernière ne perde pas son sens en chemin, à commencer par le sens des mots. Dont le premier d'entre eux, si l'on en croit la fréquence à laquelle il est écrit et prononcé : conscience. Mais qu'est-ce que la conscience ?

La conscience est ce qui permet à l'être humain, à chaque instant de sa vie, de se voir étant, de se voir pensant et, bien souvent aussi, de se voir répéter sans cesse la même histoire. Cette capacité, ni le minéral, ni le végétal, ni l'animal ne la possède. La conscience est un grand cadeau fait à l'homme qui, s'observant dans ce qu'il fait, a la possibilité de sortir de ses schémas répétitifs, de ses croyances limitantes, de ses mortelles habitudes qui ne sont pas en accord avec l'aspiration de son être profond.

Dans la mythologie grecque, il est dit que les âmes qui aspiraient à revenir sur terre devaient au préalable boire l'eau du fleuve Léthé, le fleuve de l'Oubli, afin de perdre le souvenir de leurs vies passées et, me permettrais-je d'ajouter, le souvenir des traumatismes vécus par la lignée de leurs ancêtres. Mais ces expériences, si elles sont effacées de la conscience du petit humain venu s'incarner, continuent de marquer de leur empreinte chacune de ses cellules. Et, à chaque âge de sa vie, et tout particulièrement au moment des épreuves, les souvenirs ne vont pas manquer de se réveiller, tout doucement, petit à petit, à la mesure de ce que sa conscience sera capable d'accueillir.

« Nous sommes des êtres spirituels vivant une expérience dans la matière », selon la formule attribuée à Pierre Teilhard de Chardin. Mais cette expérience dans la matière ne peut porter de fruits que si nous l'éclairons à la lumière de notre conscience. Là est le préalable à toute possibilité de progrès : s'observer pour en tirer les leçons.

Il existait, dans la partie souterraine des pyramides égyptiennes, des salles réservées à l'enseignement des futurs prêtres. L'une d'elles accueillait un rituel clé de l'initiation, consistant à immerger le novice, sous la conduite des grands prêtres, dans des baignoires d'eau de mémoire. Une eau de mémoire qui restituait ce qui avait été effacé par l'eau de l'oubli, du Léthé, si l'on me pardonne ce saut de plusieurs siècles entre les traditions égyptienne et grecque. Quelle ne fut pas ma surprise quand j'appris que ces lieux initiatiques étaient appelés « maisons de vie », comme le nom que je choisissais de donner – alors que j'en ignorais la signification pour les anciens Égyptiens – au lieu que j'ai fondé, il y a une trentaine d'années, pour accueillir les personnes désireuses d'entreprendre un travail en mémoire cellulaire.

Cette « coïncidence » me ravit ! Car quel est le but du travail en mémoire cellulaire si ce n'est de nous aider à retrouver les souvenirs engrammés[1] en nous et qui dirigent nos vies malgré nous, à l'insu de notre

1. Les souvenirs des premiers mois et années de la vie, s'ils sont inaccessibles à notre cerveau, restent inscrits dans le corps, comme une empreinte dans de la pâte à modeler. Chaque fois que repasse une émotion de même nature que celle à l'origine du souvenir initial, il y a figement, cristallisation du corps.

conscience ? Bien entendu, cette quête concerne chaque être humain, qu'il soit ou non engagé dans une thérapie. Il en est ainsi car l'homme a la faculté de se demander « pourquoi », d'ouvrir sa conscience au « grand questionnement » : Quel est le but de ma vie ? Quel est le sens ? Quelle est ma place dans l'univers ? Du moins est-ce là le sens de la condition humaine, condition que l'on peut, il est vrai, choisir d'ignorer, comme notre conscience nous en donne aussi la possibilité. Nier sa propre condition est aussi un privilège humain… La plante, la pierre et l'animal, dénués de conscience, ne peuvent choisir de ne pas s'en servir !

Mais dès lors que nous consentons à nous servir de ce regard intérieur, c'est-à-dire à expérimenter l'entièreté de notre être, toute expérience devient occasion de faire descendre en soi une parcelle de conscience supplémentaire. Le petit humain entre alors dans sa dimension d'homme debout, les pieds sur la terre, la tête accueillant l'énergie du cosmos. À l'image du pyramidion, dont on coiffait le sommet de la pyramide et qui était destiné à recevoir les énergies du ciel pour les faire descendre de niveau en niveau jusqu'au fondement de l'édifice.

Cependant, si une étincelle de conscience suffit à métamorphoser une vie, le chemin ne se fait pas en un jour. Vivre en homme debout est un engagement. Cette décision nous place dans un processus qui peut parfois sembler long, difficile, et que l'on peut être tenté d'interrompre. Cet engagement, dit Mère, nous demande de lâcher nos repères et de soulever le couvercle de nos mortelles habitudes. Celles-ci sont comme des couches de sédiments accumulées depuis notre plus tendre enfance et plus loin encore.

Il nous faut traverser les sédiments mentaux, amassés par notre intellect, cet instrument précieux mais redoutable quand il nous rigidifie, quand il devient le maître dans notre maison. Traverser aussi les sédiments émotionnels que laisse chaque peur, chaque honte, toutes les fois où il a fallu ravaler les larmes et ne pas laisser s'exprimer la douleur. Sous cette couche émotionnelle se loge la vraie émotion, celle qui surgit et permet la rencontre inattendue avec le petit soi et surtout le Grand Soi. Cela ne suffit pas encore, il reste à traverser les sédiments des sensations, ces malaises du corps qui nous sont familiers sans que nous en soyons conscients. Pour les conscientiser et nous en délester, il va nous falloir les nommer – est-ce froid, est-ce chaud, lourd, amer, piquant, doux ? Alors seulement le corps peut rencontrer l'inattendu, le mental physique, c'est-à-dire tout ce que nos cellules contiennent de mémoire d'empêchements, de blocages, de refus et qui ont besoin de se libérer. C'est à ce stade que la conscience est enfin en mesure de pénétrer la profondeur de nos cellules, notre boîte noire en somme ! L'énergie libérée par la conscience touchant ce noyau dur est telle qu'elle fait jaillir la lumière intérieure, nous permettant de nous voir entièrement nu devant notre propre vérité, ô combien difficile, mais ô combien libératrice. Cette vérité reconnue, il nous faudra encore accepter de la vivre en pleine conscience, c'est-à-dire dans notre verticalité. C'est cela que j'appelle se mettre debout, prendre conscience que notre corps physique est un prodigieux véhicule pour toucher ce bain d'énergie dans lequel nous vivons depuis toujours mais qui, pour se révéler véritablement à nous-même, nous oblige à passer par ce processus de conscientisation.

Au départ, la conscience n'est qu'une petite étincelle, mais étincelle tout de même, qui nous permet de nous réveiller, de naître à nous-même, de nous voir et d'accepter de nous rééduquer. Dès lors, nous pouvons nous engager dans le seul but de notre vie, celui qui englobe tous les autres : élargir notre conscience jusqu'à ce qu'elle soit au meilleur de sa capacité.

Quand les informations remontent à la conscience : un exemple

France, une femme de grande intelligence, a cinquante-huit ans quand elle vient me voir. En elle se sont accumulées beaucoup de souffrances, toutes associées à la mort. Elle a perdu un nourrisson de trois mois. Surtout, il y a eu une plus grande mort encore à ses yeux, celle de son couple, quand son mari, après des années de vie commune, est parti avec une autre. Je remonte avec elle le fil de sa vie, jusqu'à sa conception, comme je le fais toujours en débutant un travail avec un patient.

Au troisième mois de la vie fœtale de France, alors qu'on est en pleine guerre d'Algérie, son père, officier de carrière, meurt sur le front. C'est à la grand-mère de France, la mère de son père, que la nouvelle est annoncée par télégramme. La mère de France est donc informée par sa belle-mère, qui reprend les mots du télégramme : son mari a été « mortellement blessé ». Dans le chaos de l'émotion, la jeune femme n'entend que le mot « blessé ». « J'espère qu'il va se rétablir et qu'on me le ramènera vite, réplique-t-elle. Pourvu qu'il soit de retour quand le bébé naîtra ! »

Six mois plus tard naît la petite France, prénom que le père avait souhaité pour son enfant, persuadé que ce serait une fille. Ce père mort pour la France au moment de cette naissance mais dont la femme continue à espérer, de façon inconsciente, ou « cellulaire », le retour. Il faut dire qu'elle n'a jamais pu voir son mort en face, le corps ayant été rapatrié, sous scellés, trois mois après le décès. L'espoir de la mère s'est diffusé dans les cellules de France, qui se souvient qu'à l'âge de dix-douze ans, elle allait observer les clochards dans l'espoir de retrouver son père parmi eux.

France grandit, France se marie, France a son premier enfant, une petite fille. Elle forme avec son mari un couple profondément uni. Tous deux travaillent dans l'action humanitaire. Trois mois après la naissance du bébé, France doit déjà repartir en mission rejoindre son mari. La jeune femme est tiraillée entre son engagement professionnel et son désir de rester auprès de son enfant. Elle fait part de son mal-être et de ses doutes à son entourage, mais on la rassure, on l'encourage à partir sans crainte puisque le bébé est entre de bonnes mains. France se laisse convaincre et choisit de ne pas écouter la petite voix au fond d'elle qui l'incite au contraire à rester.

À son arrivée sur le lieu de la mission, au Mali, France est prise de violentes douleurs dans le bas du ventre. Après une nuit terrible, les douleurs cessent subitement. Au même moment arrive un message radio qui lui annonce la mort de sa petite fille. France reste à distance de l'insupportable nouvelle. Tout comme sa mère ne pouvait croire à la mort de son mari, elle ne peut croire à la mort de son enfant. Heureusement, elle va pouvoir rentrer suffisamment vite en France pour voir le corps du bébé. Cette fois, la mort est vécue, la maman tient le petit cadavre dans ses bras, se souvient même de son odeur. Cette confrontation avec la réalité préserve France de s'installer dans le déni comme l'avait fait sa mère. Cependant, elle sait bien que l'empreinte n'est pas effacée. Elle m'avoue que, des années plus tard, la mort brutale de l'une de ses meilleures amies la plongera de nouveau dans l'incrédulité.

En explorant avec moi la mémoire de ses cellules, France comprend que les trois mois de la courte existence de sa fille entrent en résonance avec les trois mois de sa propre vie fœtale à la mort du père, qui elle-même résonne avec la séparation d'avec son mari. Tout ce qu'elle vit tire son origine dans le deuil non fait par sa mère. C'est pourquoi, dès les premières séances, je lui dis qu'elle doit à tout prix obtenir plus d'informations sur la mort de son père. « C'est impossible, me répond-elle, cette histoire est trop ancienne, personne ne peut plus m'aider, c'était il y a presque soixante ans. » Notre entretien s'achève sur ces mots.

Un mois passe et France est de retour dans mon cabinet. Elle est bouleversée. Quelques jours plus tôt, elle a reçu un coup de fil d'un ami médecin. C'est un ami proche, qui connaît l'histoire de sa famille. Il raconte à France qu'il vient de rencontrer un vieil homme qu'il a été amené à soigner alors qu'il remplaçait un confrère. Le vieux monsieur est un officier de carrière. Alors que le médecin effectue une coronarographie (examen des artères), le patient se met à lui raconter que durant la guerre d'Algérie, alors qu'il était tout jeune lieutenant, son capitaine a été blessé à l'artère fémorale. « Il s'est vidé de son sang, ajoute-t-il, et il est mort dans mes bras. »

Soixante ans après, le vieil homme reste hanté par le regret de ne pas avoir réussi à retrouver la famille de son capitaine pour lui parler des circonstances de sa mort et lui remettre quelques affaires personnelles. En entendant ce récit, le médecin pense immédiatement à France… Et si ce capitaine était le père de son amie ? Et c'est effectivement le cas. France a contacté le vieux monsieur et, accompagnée de ses frères et sœurs, est allée le rencontrer. Il a pu leur parler de leur père et leur remettre les documents qu'il conservait depuis tant d'années, dont une très belle photo du corps étendu sur un brancard. Un récit et des images qui étaient la part manquante du deuil de la mère de France.

Six mois après, le vieux colonel meurt. Alors qu'elle assiste aux obsèques, il lui semble qu'elle assiste en réalité à l'enterrement de son père. Ses cellules entendent enfin la réalité de sa mort. La boucle du déni est enfin bouclée.

Quel fabuleux enchaînement de « hasards »… Dès lors où France s'est laissée habiter, comme je l'avais invitée à le faire, par le désir d'en savoir plus sur son père, les informations sont venues à elle. Ouvrir sa conscience, c'est s'ouvrir à l'énergie créatrice, se rendre disponible à son action.

Chapitre 3

L’énergie et ses lois, l’allégorie de la création du monde

« Il y eut un soir et il y eut un matin. »

GENÈSE

La Bible – que j'aime à appeler la bibliothèque de l'humanité – nous raconte que l'Énergie, se suffisant à elle-même, était composée de deux pôles, le plus et le moins. De ces polarités est née la force de création et d'expansion suffisante pour former une entité unique et autonome. Puis l'Énergie voulut que d'autres puissent bénéficier de cette force et, pour cela, elle décida de se séparer. *Solve et coagula*, se séparer pour se retrouver. C'est de la force des contraires que naît l'énergie. À cet instant, l'Énergie créatrice commença son œuvre. Elle sépara le ciel et la terre, le jour et la nuit, le chaud et le froid, la lune et le soleil… Puis elle peupla le ciel d'oiseaux, l'eau de poissons, la terre d'animaux à pattes et d'animaux rampants. Tout se séparant en deux pour mieux se retrouver. Ainsi fut créé le monde.

Masculin et féminin

Afin de permettre à cette création de se poursuivre, l'Énergie donna aux minéraux, aux végétaux et aux animaux ce plus et ce moins à partir desquels elle avait tout créé. Mais le grand cadeau, elle le fit à l'homme. Elle lui donna la conscience pour qu'il puisse voir ce masculin et ce féminin œuvrer à l'intérieur de lui. Le mystère de l'Énergie est donc cette force totale que l'être humain trouve en lui, en se voyant, équilibré dans ses polarités. Ces deux forces logées à l'intérieur de nous, si tant est que nous assumions notre condition humaine, nous devons les éclairer de notre conscience pour voir comment elles s'équilibrent, s'harmonisent et créent. Voir notre principe féminin intérieur œuvrer dans sa capacité à sentir, recevoir, intérioriser, ouvrir, permettant à notre principe masculin intérieur d'œuvrer dans sa capacité à émettre, construire, agir. Voir les deux piliers de cette autorité et de ce pouvoir porter notre couple intérieur créatif et puissant.

Mais l'Énergie créatrice ajouta : « Il n'est pas bon que les deux polarités restent à l'intérieur de l'homme. » C'est par le couple que l'Énergie voulut perpétuer sa création. Elle sépara donc le principe masculin du principe féminin pour créer l'homme et la femme, tous deux porteurs d'une polarité féminine et masculine, et permettre l'attirance vibratoire de ces deux principes, non pas opposés mais complémentaires, appelés à se rencontrer.

L'être humain s'incarnant dans la matière en tant qu'homme ou femme doit prendre conscience de la polarité qui domine en lui. Qui domine, mais ne règne pas en tyran. Pour trouver un complément vibratoire équilibré, chacun doit commencer par conscientiser en soi son propre couple intérieur, puis, si nécessaire, l'équilibrer pour en renforcer la part défaillante, rétrécie. Faute de quoi, il se lancera à la rencontre d'une personnalité au masculin ou au féminin très affirmé pour combler son vide à l'extérieur de lui. Et tôt ou tard, cette polarité masculine ou féminine exacerbée finira par l'écraser, l'insupporter. Car la donne est faussée dès le départ puisque reposant sur l'illusion que ce qui doit être rééquilibré à l'intérieur de soi peut l'être à l'extérieur de soi. Mais la guérison de cette part intérieure blessée passe forcément par sa conscientisation, sa reconnaissance et sa pleine acceptation, un long chemin d'attirance et de répulsion, un apprivoisement progressif. La rencontre peut dès lors engendrer la force créatrice initiale, car elle ne comble pas une fragilité, mais recrée un équilibre déjà présent en nous. Alors peut naître l'amour.

Chacun porte en lui ces deux polarités quelle que soit son orientation sexuelle. La différence entre une personne hétérosexuelle et une personne homosexuelle ne se situe pas dans la conscientisation de son couple intérieur, à laquelle l'une comme l'autre est appelée, mais dans le miroir qu'elle va avoir besoin d'aller chercher en l'autre. Ainsi par exemple, une fille attendue comme un garçon, parce qu'un désir ou un événement en a décidé ainsi dans le projet parental, va développer une polarité masculine très forte et finir par se trouver éloignée de sa polarité féminine tant celle-ci a été blessée. L'homosexualité n'est ni une maladie, ni une défaillance, ni une lubie, elle est une recherche profonde d'une identité perdue. Elle est, comme l'expérience hétérosexuelle, une expérience de vie. Et pour l'être homosexuel comme hétérosexuel, il n'est pas de rencontre possible avec l'autre sans la rencontre et la conscientisation de ses polarités intérieures.

Je suis presque étonnée de me voir écrire ces quelques lignes, qui m'ont été soufflées par ma fille Véronique et avec lesquelles je me sens aujourd'hui profondément en accord. Son éclairage m'a permis de sortir de l'incompréhension de l'homosexualité qui fut si longtemps la mienne. J'ai vu également combien il aidait des personnes bloquées dans leur évolution en raison du regard qu'elles portaient sur leur propre homosexualité. Je me réjouis de savoir que Véronique travaille actuellement à un livre qui promet d'apporter une compréhension profonde et absolument nouvelle de ce sujet.

La danse de l'amour

L'amour est une énergie, l'amour est un mouvement. La danse des deux amants qui se cherchent, se trouvent et se complètent. L'amour est cette libre circulation de l'énergie, un donner et recevoir de chaque instant, à l'image de l'Énergie créatrice qui se répand à chaque instant dans toute forme de la création. Tout bouge, tout remue, rien ne demeure à l'état de repos, dit une des lois cosmiques, permettant la rencontre des polarités. Si cette vibration reste sur un plan animal et pulsionnel, l'humain échoue dans son être, mais s'il conscientise l'animal et le pulsionnel en lui, alors la vibration peut s'affiner jusqu'au plus subtil de l'amour.

L'amour est mouvement de l'un vers l'autre et de l'autre vers l'un dont jaillit l'Énergie créatrice. L'univers tout entier est bâti sur les deux colonnes du pouvoir (masculin) et de l'autorité (féminin). Il n'est de pouvoir sans accord de l'autorité et d'autorité sans émissivité du pouvoir, l'un ne peut être sans l'autre. D'où cette recherche éperdue sur la terre de cette complémentarité des êtres qui passe par des phases de douleur et d'incompréhension paralysantes, chaque moitié cherchant son autre moitié et ne pouvant être en paix tant qu'elle ne l'a pas trouvée. Mais pour la trouver, il faut accepter de travailler la force des polarités en nous, les voir agir pour trouver une forme de discipline et de souplesse intérieures pour que la vibration aille chercher à l'extérieur sa part manquante. Tant que l'humanité n'acceptera pas le mystère de cette allégorie toute puissante, qu'elle s'évertuera à la contourner, elle ira de désordre en désordre et souffrira, empêchée d'accomplir son aspiration profonde. Nul ne peut se suffire à soi-même. La rencontre d'un masculin et un féminin complémentaires permet à chacun de grandir dans son harmonie et sa dimension d'homme debout.

Entre nos mains

L'allégorie biblique dit aussi que l'Énergie créatrice, devant la magnificence de sa création, vit que cela était bon. Les oiseaux volaient dans le ciel, les poissons nageaient dans la mer, la terre fécondée par les rayons du soleil et abreuvée par la pluie donnait ses fruits, la lune venait adoucir la lumière vive du soleil et offrir sa lueur à la nuit et à l'inconscient des êtres humains. Tout était harmonie. Une harmonie au cœur de laquelle l'Esprit créateur plaça l'homme pour qu'il en soit le garant, qu'il poursuive cette création permanente du donner et du recevoir. Mais l'homme n'a guère pris soin de ce qui lui avait été confié. Au lieu de perpétuer la création, il l'a asservie à ses fins. Comprendre où est le sens, quelle est notre place dans l'univers commence par renouer avec cet enseignement qui montre la nature féminine et masculine que chacun possède en soi et la nécessité de la rencontre de ces deux énergies dans un couple capable de perpétuer l'harmonie initiale. La continuité du vivant est à ce prix, un règne humain prêt à entrer dans le règne de l'homme réalisé, debout, recevant et diffusant les impulsions de l'esprit créateur. Nous n'avons plus le choix. L'évolution de la conscience nous pousse sans cesse à de nouvelles recherches dont les plus belles nous feront retrouver nos origines pour que règne la force de l'esprit sur notre terre.

« Il est où le bonheur, il est où ? », chante Christophe Maé. « Il est là le bonheur, il est là ! » Mais on ne le voit pas… N'est-il pas temps de le voir là, à cette seconde, pour le recréer en nous et autour de nous ? Oui mais voilà, le travail est grand. Car notre part animale nous fait fréquemment suivre nos instincts qui, non contrôlés, surtout s'ils ont été blessés, font des dégâts. Dégâts irréparables aussi longtemps que nous ne consentons pas à faire nôtre cette parole de Mère : « Le corps […] est un conte parfaitement biologique et terrestre[1]. »

Relisons notre conte personnel, voyons-nous le subir. Acceptons de le traverser pour en devenir l'auteur et nous mettre debout au risque d'être soi.

---

1. Satprem, *Le Mental des cellules*, *op. cit.*, p. 5.

Remontons encore notre histoire jusqu'à l'allégorie de la création du monde et nous sentirons battre en nous le cœur du créateur qui nous montre la voie à chacun de nos pas.

Je redirai encore et encore, au risque de radoter, comme la vieille femme que je suis, que le secret réside dans cette aventure de la conscience qui nous est donnée de vivre, cette conscience capable et désireuse d'élargir notre vision de plus en plus profondément, de plus en plus loin. La clé du mystère est dans ce déploiement : l'acceptation de ce que nous voyons de nous afin de nous rééduquer à chaque faux pas.

Notre rêve de fusion, une fausse grande histoire !

Notre part instinctive qui empêche l'amour véritable ne prend pas forcément le visage de la violence et de la lutte. Au contraire, l'empêchement réside souvent dans le doux rêve du paradis perdu, de la fusion initiale. Cette vibration cellulaire, cette nostalgie de l'âme nous font remonter à l'instant précis où l'acte sexuel de nos parents a permis la fusion des contraires pour créer le petit être que nous sommes. Une petite fusion qui, parce qu'elle résonne avec la fusion avec le grand tout, est souvent confondue avec l'amour. « Un seul être vous manque et tout est dépeuplé[1]. » Pourtant, c'est dans la compréhension de la séparation des contraires, dans ce mouvement permanent de l'aimant qui cherche l'aimé que l'énergie d'amour se met en place.

S'il y a fusion, il y a forcément confusion, chacun quémandant à l'autre de le remplir, de le combler. « Sans toi je ne peux rien. » Quelle est cette demande sinon celle du petit enfant qui ne voit pas encore qu'il a tout en lui et que son vrai besoin est un complément et non la substitution d'un parent absent ? L'expérience de l'amour, qui nous fait exister dans une danse corps-âme-esprit, est à ce prix. La véritable union ne peut se faire que dans cette complémentarité, après avoir reconnu notre couple intérieur, reproduction exacte du couple énergétique primordial. L'amour naît de l'acceptation de la séparation des contraires, sous l'inspiration vibrante et magique de notre liberté intérieure.

Amour-fusion-illusion, un exemple

Paul est écrasé de fatigue, il travaille trop, son poste de cadre supérieur dans une grande entreprise fait fonctionner son intellect à plein régime. Depuis

1. Alphonse de Lamartine, *Méditations poétiques*, « L'Isolement ».

ses années d'études, sa vie est guidée par la réussite. Paul se néglige, se nourrit de sandwichs avalés devant son écran et s'accorde un whisky réconfortant lorsqu'il regagne l'appartement vide, tard le soir. Pas de place pour les amis, pour le sport… Une compagne ? N'en parlons pas. Sa libido est en berne, son teint est pâle, son crâne peuplé de pellicules. Un matin, Paul ne parvient pas à se lever, totalement épuisé, forces vitales à zéro, *burn-out*. Rendez-vous est pris chez le médecin qui saura lui trouver les pilules *ad hoc* pour relancer la machine. Mauvaise pioche, le médecin est un thérapeute averti, de ceux qui prennent en compte la globalité de l'être et non chaque pièce séparée de la machine. Il reçoit Paul longtemps, ne se satisfait pas du « donnez-moi-vitamines-et-remontants-sinon-je-vais-m'écrouler ». Il questionne son patient, il écoute ses réponses. Histoire de cerner le vrai problème.

En guise de remontant, Paul se retrouve avec quinze jours d'arrêt de travail avec départ immédiat pour une cure de repos. « Votre corps est à bout, lui annonce le médecin, vous n'avez plus une once d'énergie, tout traitement médicamenteux serait un *placebo* momentané et illusoire. La seule solution pour permettre à vos forces de remonter est de vous arrêter. » Non sans quelques hésitations, Paul se décide à envoyer son arrêt maladie à sa

DRH. Il choisit pour sa cure une petite station de montagne. Il jette quelques affaires dans une valise, le voilà parti.

C'est un homme épuisé qui atterrit dans sa chambre d'hôtel. Il se couche et tombe immédiatement dans un sommeil lourd. Au bout de quarante-huit heures, il émerge et ouvre un œil sur un ciel ensoleillé. Il va à la fenêtre, respire l'air des cimes, un grand bol de vitalité déjà pour ses poumons affaiblis. Il se lave, prend un vrai petit-déjeuner et s'en va marcher dans la neige fraîche. Un petit souffle de vie frémit dans ses veines. Plusieurs jours de ce régime lui font retrouver goût à la vie. Ses forces reviennent. Marcher, respirer pleinement, prendre le soleil, Paul en deviendrait presque beau ! Qui l'eut cru ? Sous les traits tirés et gris se cachait un visage séduisant. Paul sent monter en lui la sève d'un désir oublié.

Pendant ce temps, Anne, également cadre d'une grande entreprise, se démène dans la même machine infernale qui broyait encore Paul quelques jours plus tôt. Avec en prime une situation de harcèlement par son supérieur hiérarchique. Elle tient bon, elle ne veut pas risquer de gâcher ce qu'elle a durement conquis, ce poste, elle le gardera coûte que coûte. Anne rapporte chaque soir des dossiers à la maison, s'échine sur l'ordinateur portable jusque tard dans la nuit et se couche en pensant à la montagne de travail qui l'attend encore au matin. Insomnies, crises de larmes s'enchaînent, Anne sent ses forces la quitter. Les rares moments de détente qu'elle savait encore s'accorder quelques mois plus tôt – natation, cinéma avec une amie, massage – sont désormais lettre morte. D'ailleurs, son reflet dans le miroir lui est devenu insupportable. Toute joie a déserté sa vie, elle s'effondre. Rendez-vous est pris chez le médecin, qui saura lui trouver le remède pour stopper la dégringolade. Sa thérapeute la reçoit pendant plus d'une heure, l'examine, recherche avec elle la cause profonde de son mal-être. Elle aussi ne voit qu'une solution, du repos loin de l'environnement quotidien et surtout de toute source de harcèlement. « Ce dont vous avez besoin, explique-t-elle à sa patiente, c'est de grand air, de retrouvailles avec vous-même, de silence, de bonne nourriture. Revenez me voir dans trois semaines. » Anne n'est guère convaincue mais soit, elle fait confiance à son médecin.

Elle se décide pour une petite station de montagne, fait sa valise et attrape un train. Aucun des paysages qui défilent durant le voyage n'atteint son regard, Anne dort déjà, bercée par le rythme des wagons et assommée par l'état d'abrutissement total dans lequel elle se trouve. Elle arrive à destination, et traîne ses lourdes valises extérieures et intérieures. Elle marche avec peine en direction de l'hôtel, qu'elle a choisi le plus près possible de la gare… Notre Paul croise son chemin et, devant la détresse de cette jeune femme, le chevalier à la force retrouvée offre son aide. Et tous deux de se diriger vers le même hôtel où, à son tour, Anne s'enferme dans sa chambre pendant trois jours. Lorsqu'elle émerge, ces heures de vrai repos lui font déjà voir les choses sous un jour nouveau. Elle a envie de mettre le nez dehors et la voilà marchant sur les sentiers de poudreuse.

Une énergie nouvelle l'envahit. À l'heure du repas, elle reconnaît Paul, ce bel homme qui l'a si agréablement accompagnée à son arrivée. Mais une voix mélancolique lui murmure qu'il n'est pas pour elle. Anne est et restera seule, dans cet hôtel et dans sa vie. Pourtant, Paul lui fait signe et s'approche. Il est délicat, attentif, un peu comme un nouveau soleil. En quelques heures, les cœurs s'enflamment, la magie de la rencontre fait son œuvre. Paul, très affirmé dans sa sexualité retrouvée, Anne, du fond de sa détresse, s'ouvre au plus intime d'elle-même. Jusqu'au soir où un ou deux verres de bordeaux les conduisent dans les bras l'un de l'autre.

C'est tellement bon. Chacun se croit déjà dans la belle aventure si longtemps espérée, avec des corps assoiffés de tendresse, de caresses et de force. C'était possible enfin. Les textos crépitent. « J'ai trouvé l'homme de ma vie », annonce l'une. « Je ne vais plus rentrer seul chez moi le soir», lance l'autre. Et les nuits et les jours se passent dans ces vibrations si réconfortantes pour les corps. On ne se connaît pas, on ne sait pas qui on est, mais le réconfort des bras de l'autre est tel qu'on ne doute pas d'avoir trouvé son autre moitié. Paul est de plus en plus beau et fort. Le visage apaisé d'Anne s'épanouit. Ils apparaissent l'un à l'autre comme sortis d'un rêve devenu réalité.

La passion opère. «Alors, risque-t-il, pourquoi ne pas nous installer ensemble dès notre retour…» «Oui, pourquoi attendre ?», renchérit-elle, comblée de clore ces années de solitude. Il sent qu'elle peut le comprendre, elle sent qu'il peut la soutenir.

L'heure du départ est venue pour Paul, prêt à reprendre le chemin du boulot. Qu'a-t-il à redouter, maintenant qu'il se sent reconstruit, fort, et accompagné ? Pour elle, il reste une dizaine de jours, qu'elle savoure déjà tout à son bonheur de penser à son amoureux qu'elle retrouvera bien vite. Dix jours à prendre soin d'elle pour se sentir plus belle encore. «Je serai à la gare, je ne vais vivre que pour cette minute», promet-il.

Retour au bureau où des piles de dossiers accueillent notre montagnard. Dès le deuxième jour, c'est reparti au rythme de métro-MacDo-whisky, le manque de sommeil fait le reste. Le jour J, comme promis, Paul attend Anne à la gare. Elle, belle, pleine de *sex-appeal*, une autre femme. Lui redevenu l'homme d'avant. « Mon Dieu, ce n'est pas celui que j'ai rencontré, je me suis trompée. » « Hélas… Je ne serai jamais assez bien pour une telle femme, elle est trop belle pour moi. » Désillusion. Ils tentent quand même des retrouvailles, mais constatent que le désir et la passion ne sont plus au rendez-vous. Que s'est-il donc passé ?

Ne serait-il pas temps d'envisager que l'amour puisse naître non pas tant de pulsions, d'assouvissements de manques, d'illusions de rencontres, mais d'un véritable échange ? C'est du reste la vertu de nos expériences de jeunesse de nous le faire comprendre, et si tel n'est pas le cas, alors elles n'auront pas servi à grand-chose. L'amour est un chemin. C'est en cheminant ensemble que se produit la vraie rencontre des corps, des âmes et des esprits. L'amour n'est pas possession, fusion, le miracle qui comblerait nos manques et nos blessures d'enfant. Miracle, il l'est, oui, mais à condition de poser un nouveau regard sur la force et la beauté de son énergie.

Le couple sacré

Il en est du couple comme de l'individu, s'il s'engage sur un chemin de transformation, la porte de l'énergie sacrée s'ouvre à lui. Deux êtres qui évoluent ensemble peuvent entrer dans la dimension sacrée de la sexualité. Sexualité, énergie de vie.

La sexualité n'est pas donnée, elle est comme une échelle que l'on gravit. Au commencement, il y a ce que l'on pourrait appeler la « marche zéro », animale – et encore, l'animal obéit-il parfois à des instincts plus subtils qu'on ne le croit. Ensuite il y a ces étapes où la pulsion a besoin de s'exprimer, de s'identifier, de se révéler. La marche de plus, c'est la rencontre amoureuse, essentielle et tout entière gouvernée par le plaisir immédiat. L'homme a un projet, il veut être « pro » pour son jet ! À tel point que ce désir ardent de réussite lui en fait oublier sa partenaire. La femme désire l'orgasme, elle le veut. Mais ce n'est qu'en passant par le sacrifice de ce plaisir immédiat que peut se faire l'accès à l'expérience d'une énergie plus puissante et durable. N'entendez pas le mot « sacrifice » comme ce que l'on impose. Le sacrifice, c'est aussi le sacré. En s'ouvrant, les portes d'énergie (chakras) laissent se répandre la force sexuelle dans toutes les parties du corps, jusqu'au sommet de la tête. Le corps entier exulte, deux âmes communient. Et l'Énergie se fait présence.

Le couple vit alors le quotidien dans une autre dimension, dans cette présence partagée.

Le chemin n'est pas facile, il est un chemin de patience. De patience, mais pas de renoncement. Il faut en vivre chaque étape avec bonheur et passion, sans culpabilité. Il faut aimer et reconnaître l'expérience de la pulsion, car d'elle jaillit l'étincelle, la connexion initiale avec l'énergie. Cependant un couple qui s'en satisfait ne peut espérer accéder à la vraie puissance de l'amour. Pour cela, les partenaires doivent vouloir basculer vers « l'autre rive ».

La puissance de l'homme ne se situe pas dans ses pulsions mais dans sa capacité à les maîtriser pour les rendre plus vivantes. En renonçant à l'éjaculation forte, sans contrôle, il permet la rencontre et l'abandon dans une danse des corps qui se donnent et se reçoivent. Cela seulement est l'amour, au-delà de l'instinct de procréation. L'homme et la femme réconciliés entrent dans la cocréation avec le divin. L'évolution à laquelle est appelée notre humanité.

La projection du Grand Autre

Bien souvent aussi, la force et la beauté de l'amour sont voilées par la projection du « Grand Autre » sur l'autre, selon les termes de Georges Didier[1]. Ce

1. *Au cœur du père*, Réel Éditions, 2012.

Grand Autre que l'on croit toujours plus fort que soi, qui nous empêche d'arriver à la transformation, de risquer d'être soi. Le regard du petit enfant se lève sur le père et la mère… Ils sont si grands… Et lorsque l'enfant est devenu grand à son tour, sa confusion perdure, lui fait projeter les parents sur tous ceux sur qui « le salut de la société l'exige », pour reprendre les mots de Victor Hugo. Mais le Grand Autre n'est que soi : n'y a-t-il pas en soi plus grand que soi ? Il nous faut oser dépasser le Grand Autre, oser accepter de remettre les parents et les éducateurs à leur place, reconnaître qu'ils nous ont donné la vie et permis de grandir, et que nous leur devons pour cela une reconnaissance infinie. Mais qu'il nous faut entendre l'évolution en nous qui nous fait les dépasser sans pour autant perdre leur amour. Alors seulement la rencontre avec l'autre peut s'ouvrir sur un vrai dialogue et une évolution réciproque. L'amour guérit, l'amour permet, l'amour ose.

Le Si Grand en nous

« Dieu fit l'homme à son image et à sa ressemblance. » Et si c'était de ce Grand Autre que nous parle la bibliothèque de l'humanité, la Bible ? Si ce Grand Autre était ce que nous cherchons éperdument, cette dimension qui dort au fond de nous et a tant besoin de se révéler ? Depuis la nuit des temps les hommes la nomment Yahvé, Elohim, Allah, L'Éternel, le Grand Architecte, le Sans Nom, le Tout Autre… Et vous, comment la nommeriez-vous ? Peut-être n'est-il même pas nécessaire de la nommer. Peut-être faut-il seulement la découvrir au fond de soi, à travers soi, au-delà de soi, dans la ressemblance avec soi et dans l'autre, dans la rencontre. À cet instant, il n'est plus besoin de croire, puisque l'on voit !

Parfois, souvent, nous passons par cette étape où Dieu est ce père inaccessible rencontré dans l'enfance, père qui me juge, me fait peur, me culpabilise, me fait sentir que je ne saurai jamais être assez bien pour lui, à sa hauteur ! Je repense à ce patient qui cherchait douloureusement sa voie à travers toutes sortes de pratiques corporelles et spirituelles. Et un jour, dans mon cabinet, de s'écrier : « Je comprends ! J'ai confondu mon père avec Dieu. Voilà pourquoi j'ai voulu tout renier. Cette projection a obscurci le vrai chemin, la rencontre intime avec l'énergie créatrice, avec le créateur. Voilà ce que je veux maintenant chercher et ressentir dans mon être. »

« Tu aimeras et tu seras aimée »

Orpheline de mère et élevée par un père adoptif, comme je l'ai raconté dans *Votre corps a une mémoire*, je fus très tôt placée en pension. Vint le jour de ma première communion, j'avais sept ans. Avec mes compagnes, vêtues de blanc, couronne de fleurs sur la tête et cierge allumé entre nos mains, nous nous dirigions vers l'autel, dans le recueillement de la cérémonie. Oui, mais… Une mère, un père, un grand frère, une grand-mère était venu attendre chacune sauf moi. En réalisant cela, je fus saisie d'effroi et de solitude. Je me retournais face à un pilier de la chapelle, le cœur submergé par le désespoir. Mais moi, personne ne m'emmènera jamais… Alors, une voix intérieure venue du fond des âges me remplit d'une plénitude qui ne m'a jamais quittée : « Toi, tu aimeras et tu seras aimée. » J'ai dit oui à cette force sans savoir encore qu'elle me guérirait de toutes mes souffrances au cours de ma vie.

Le chemin est ardu, mais je témoigne que cela vaut la peine de s'y engager avec détermination et confiance. La loi d'amour couronne et englobe toutes les lois.

***

Mes propos peuvent relever de l'illusion, du rêve, de l'utopie, voire paraître désuets aux yeux de certains lecteurs ! Et c'est vrai, l'évolution à laquelle est appelé chacun de nous reste une illusion, un rêve, une utopie, sur laquelle nous nous cassons inexorablement les dents tant que nous ne nous plaçons pas dans le temps de l'évolution de la conscience humaine. Cette conscience, celle de chacun de nous et celle de la société, n'est pas donnée. Elle est appelée à changer, évoluer, se déployer. « Ce que tu ne fais pas avec le temps, le temps le défait. » Le temps de l'évolution, c'est l'homme debout dans sa plénitude.

Chapitre 4

L'énergie et ses lois, les principes cosmiques

La connaissance des principes cosmiques apparaît souvent comme un tournant à celui qui est en recherche de sens, en chemin vers la conscience universelle. Comme nous l'avons vu dans les chapitres précédents, l'énergie se répand dans chaque forme de la création. Mais elle le fait selon ses propres lois, ses propres principes : les lois ou principes cosmiques, qui étaient enseignés autrefois aux êtres initiés dans le secret des temples[1].

1. Ces enseignements émanent d'une multiplicité d'auteurs de l'Antiquité et ont été rédigés en plusieurs langues (en grec, copte, latin…), mais tous se présentaient comme la traduction de la langue sacrée et secrète égyptienne. Ils sont attribués à Hermès Trismégiste, qui signifie « Trois fois le plus grand », figure mythique née de la rencontre des cultes grecs et égyptiens. Elle réunit Hermès, le messager des dieux du panthéon grec, et Thot, le dieu du savoir des Égyptiens. Ces écrits, dits « hermétiques », ont été repris au tout début du XXe siècle dans le *Kybalion, Étude sur la philosophie hermétique de l'ancienne Égypte et de l'ancienne Grèce* (Librairie du Magnétisme, 1997), signé par trois auteurs qui ont choisi de demeurer anonymes pour se faire les simples transmetteurs d'une parole sacrée.

Peut-être connaissez-vous ces principes tant ils sont aujourd'hui largement diffusés et partagés. Peut-être aussi vous sont-ils parfaitement inconnus. Mais dans un cas comme dans l'autre, vous les expérimentez… sans le savoir, comme aurait dit Molière de M. Jourdain. Pour vous en convaincre, je vous propose de les découvrir non pas en nous retirant dans le secret des temples, mais en cheminant ensemble dans nos expériences ordinaires.

Le principe du mentalisme

« Le tout est esprit, l'univers est mental[1] » : tel est le principe premier de l'Énergie créatrice. En d'autres mots : en chaque réalité matérielle visible réside l'esprit invisible qui en est à l'origine. Comme l'esprit universel, l'esprit humain crée, consciemment ou inconsciemment, par ses pensées, ses paroles, ses ressentis et ses actes.

Mettre en pratique la loi du mentalisme dans notre vie, c'est d'abord et avant tout nous rendre vigilants à nos pensées pour en devenir conscients : voir dans quel état d'esprit nous nous endormons et nous nous réveillons, voir les pensées parasites qui viennent alourdir nos actions et saborder nos

1. *Kybalion, ibid.*, p. 26.

élans de vie, les pensées malveillantes, critiques et de colère qui nous déstabilisent, nous-mêmes comme notre entourage.

Nous rendre conscients de nos pensées est difficile, cela exige même une véritable discipline. Mais en s'y exerçant, nous ouvrons notre champ des possibles et accédons peu à peu à la liberté de devenir les créateurs de notre vie.

Inversement, lorsque nous subissons nos pensées au lieu de les conscientiser, nous les laissons devenir des tyrans qui nous dispersent et nous coupent de nous-mêmes. Le principe du mentalisme nous appelle à considérer tous ces moments où nous sommes dans l'autosabotage, c'est-à-dire lorsque nous nous séparons, de façon inconsciente, de notre désir. Nous voulons, nous pouvons, mais nous nous en empêchons, voire nous allons jusqu'à faire le contraire de notre aspiration, nous laissant gouverner par une force qui nous en détourne. Mais nous avons à chaque instant le pouvoir de redevenir conscients, de nous placer dans la lumière intérieure qui nous pousse à l'évolution.

Remarquez que je ne vous parle pas de pensée positive, mais de pensée créatrice. La pensée positive constitue une façon édulcorée de parler du principe de l'énergie créatrice. Je ne m'en formaliserais pas outre mesure s'il n'était certains réveils – et non éveils – cruels ! Faire croire qu'il suffit de

« positiver » ses pensées pour changer sa vie relève au mieux de la pensée… courte. Car rien ne se fait si on ne remonte pas aux causes profondes de nos comportements aberrants, de nos impasses, de nos maladies, comme j'ai pu longuement le développer dans les chapitres précédents, ainsi que dans mes autres ouvrages. Une pensée de guérison ne supprime pas la maladie tant que l'on n'a pas « vu » la cause de cette maladie. Pour autant, en faisant ce travail de conscientisation, nous nous allégeons et renouons avec notre pouvoir créateur, notre capacité de « reliance » à l'énergie. Et cela dans sa dimension la plus simple, la plus nue. Car si je n'apprécie guère la simplification de la pensée positive, j'aime à rappeler que notre lien à l'énergie créatrice peut s'envisager de la façon la plus simple qui soit et habiter chaque instant de notre vie. Prendre le principe du mentalisme au pied de la lettre en quelque sorte !

Le principe de correspondance

Il est dit que trois mages se laissèrent guider par une étoile jusqu'à un nouveau-né qui s'appelait Jésus. Il est dit aussi que cette étoile était alors placée dans le signe de la Vierge.

« Il y a, aux yeux des Anciens, d'immenses chaînes de correspondance dans l'univers, observait l'écrivain et académicien Maurice Druon. Et cette longue chaîne de correspondances passe à travers les règnes, animaux, végétaux, minéraux. Nous vivons dans un univers entièrement en relation ; de la galaxie à l'atome, il y a des relations. L'astrologie est un des systèmes que les Anciens avaient pour déterminer ces relations, ces correspondances entre des choses qui apparemment n'en ont pas[1]. »

Nombre d'entre nous, au moment de prendre une décision importante ou de tenter de mieux comprendre leur personnalité et leur existence, s'en remettent à leur thème astral, c'est-à-dire la carte du ciel au moment de leur naissance. Aujourd'hui comme hier, les hommes ont cette étrange habitude de regarder le positionnement des planètes pour en déduire l'influence sur leur vie. Autrement dit, ils considèrent que « ce qui est en haut est comme ce qui est en bas, ce qui est en bas est comme ce qui est en haut[2] », tel que l'énonce le deuxième principe cosmique, le principe de correspondance.

Ce principe nous dit que tout ce qui est en haut est comme ce qui est en bas, et inversement. Mais aussi que tout ce qui est à l'intérieur est comme ce qui est à l'extérieur, et inversement. Ou encore que

1. Portrait de Maurice Druon diffusé le 7 novembre 1977 (TF1), archives Ina.
2. *Kybalion*, *op. cit.*, p. 27.

tout est dans le grand (macrocosme) comme dans le petit (microcosme), et inversement. La puce est bâtie comme l'éléphant, le minuscule insecte est à l'image du plus grand mammifère.

En travaillant sur le pied, le praticien en réflexologie plantaire ou les acupuncteurs travaillent sur l'ensemble des organes et méridiens du corps. L'iridologue lit dans l'œil toutes les déficiences d'un organisme. En agissant sur le crâne, le spécialiste d'ostéopathie crânienne agit sur le squelette entier.

Ce principe résonne avec les paroles de Gandhi lorsqu'il nous appelle à être le changement que nous voulons voir dans le monde. Si nous sommes attentifs à observer la correspondance qu'il y a entre nos états intérieurs et ce qui se passe à l'extérieur de nous, alors nous verrons que le changement est possible. Prenez ces mots au sérieux : ne les laissez pas couchés sur le papier, vainement, mais faites-les vôtres, emparez-vous-en et inscrivez-les dans votre quotidien, rendez-les vivants. Croyez-moi, la transformation se fait. Dans les choses minuscules et parfois aussi quand votre destin se joue.

Le principe de correspondance nous invite à l'introspection : tel que nous sommes en nous-mêmes, telle est notre expérience dans le monde extérieur. Réciproquement, le monde extérieur est le miroir de notre monde intérieur. Cette loi nous appelle à faire sans cesse des liens entre extériorité et intériorité : ce que je vois à l'extérieur est à l'intérieur de moi, ce qui se passe à l'extérieur de moi est la représentation de ce qui se passe en moi. Par conséquent, ce que nous changeons en nous change partout autour de nous.

Le principe de vibration

Ne vous arrive-t-il jamais, alors que vous vous trouvez à côté d'une personne inconnue – les transports en commun sont propices à ce genre d'expériences –, de vous sentir mal à l'aise, voire soudainement fatigué ? Ou de vous retrouver au milieu d'un groupe et de n'avoir qu'un désir, vous en éloigner ? Ou d'être inexplicablement dérangé par la présence d'une personne à qui vous n'avez absolument rien à reprocher ? Bien entendu, ce mouvement a sa réciprocité. Songez à ces matins où vous partez de chez vous en colère, parce que vous vous êtes disputé avec un membre de votre famille ou suite à une contrariété quelconque. Avez-vous remarqué que bien souvent vous croisez tout au long de la journée des personnes, sinon en colère, du moins agressives ? Tant et si bien que cette accumulation de tensions finit, pour peu que vous ayez un regard conscient sur vous-même, par faire revenir à votre esprit l'état émotionnel dans lequel vous avez commencé la journée et à laquelle il a donné sa couleur.

Ces sensations et ces coïncidences qui semblent impliquer des interconnexions inexpliquées s'observent aussi dans les autres règnes vivants. Une pomme gâtée dans un cageot génère le pourrissement de tous les fruits autour d'elle. Le jardinier ne garde pas d'arbre mort dans son verger, prétextant qu'il fera mourir tous les autres. Ces interconnexions se produisent tout autant entre des règnes différents – ne sommes-nous pas ce que nous mangeons ?

Nous émettons des vibrations qui circulent entre tous les êtres vivants : « Rien ne repose, tout remue, tout vibre[1] », c'est ce que nous enseigne le principe de vibration. Tout est en mouvement, en vibration. La vibration que chaque être émet appelle une réponse énergétique de son environnement. Les semblables s'attirent et les dissemblables se repoussent. La lumière attire la lumière, l'amour attire l'amour, la joie attire la joie. Le sombre attire le sombre, l'agression attire l'agression, le chagrin attire le chagrin, la dépendance attire la dépendance.

Attention, nous sommes volontiers tentés lorsque nous découvrons ce principe d'y projeter un certain

1. *Id.*, p. 28.

angélisme. C'est là totalement se méprendre. Il n'est pas bon de se figer dans l'ombre, pas plus qu'il n'est bon de se figer dans la lumière. Tout ce que la conscience ne voit ni n'arrête continue de se répéter ou de se reproduire, c'est le principe même de l'addiction. Tout bouge, tout remue, dit la loi de vibration. Par conséquent, la chose qui se répète fige le mouvement, enfreint cette loi et nous expulse du mouvement de l'énergie, de sa vibration. Nous nous immobilisons dans une spirale qui abaisse sans fin ou qui élève sans fin, tant il est vrai que l'on peut être accro à la cocaïne tout autant qu'à la prière. Là où il y a addiction, il y a fixation. Et ce qui se fixe ne vibre plus.

Par conséquent, pour permettre la transformation intérieure que met en perspective le principe de vibration – à savoir modifier, modeler, élever notre signature énergétique –, il nous faut nous installer dans la certitude que rien n'est fixé. J'ai du chagrin ? Oui, mais cela ne va pas durer. Quand le thérapeute accompagne son patient pour qu'il descende dans son corps et réussisse à toucher la douleur, alors la douleur se retourne d'elle-même.

Si cette conscience de la vibration permanente s'ancre en nous, nous pouvons nous abandonner à la transformation permanente de notre être. Et dès lors, il nous devient possible de renforcer ce processus en choisissant les aliments, au propre comme au figuré, dont nous nous nourrissons. Il est des musiques, des environnements, des lectures, des mets qui nous élèvent, d'autres qui nous abaissent. Comme le résume si bien le titre de l'ouvrage de la diététicienne Germaine Désir, *Nous sommes ce que nous mangeons,* physiologiquement, intellectuellement, spirituellement[1].

Tel un orfèvre, nous pouvons modeler, polir, ajuster notre fréquence et dès lors laisser s'accomplir les miracles : la gentillesse génère des ondes qui se ressentent dans le monde entier, le don sans attente attire la vitalité, la santé, l'abondance, le succès et la grâce. À condition que nous soyons dans l'attention constante de ne pas nous figer dans un état, quel qu'il soit. En devenant trop gentil, on devient con ! *Ne soyez pas gentil, soyez vrai*[2] *!*

Le principe de polarité

« Tout est double, dit le quatrième principe cosmique. Les pôles opposés peuvent se concilier, tout a deux extrêmes, les extrêmes se touchent. Tout est et n'est pas, en même temps. Toutes les

1. Éd. Denis Poyet, 1981.
2. Thomas d'Ansembourg, *Cessez d'être gentil, soyez vrai !*, Les Éditions de l'Homme, 2001.

vérités ne sont que des demi-vérités, toute vérité est à moitié fausse. Il y a deux faces à chaque chose[1]. »

J'avoue aimer également cette loi revisitée par Raymond Devos : « Si vous cassez un bout de bois en deux, il y a encore deux bouts à chaque bout ! [...] Un bout, c'est irréductible ! Vous ne pouvez pas supprimer le bout d'un bout !... ou alors, il faut supprimer le bout entier[2]. »

Pour ne plus être tiraillé, il nous faut toujours revenir au centre, au cœur. Bien sûr, cela ne se fait pas en un jour. Plus on va au centre de soi, plus on grandit, mieux on se tient debout. Étendez votre bras droit et votre bras gauche de chaque côté de votre corps, ressentez-vous ce tiraillement ? Ce n'est qu'en revenant au centre que cela s'apaise, se pose. J'ai envie de vous parler du symbole de la croix. La croix, ce sont deux éléments, la partie horizontale et la partie verticale. La partie horizontale représente notre vie. Parfois, je vais aux extrêmes... Comme si je faisais n'importe quoi. Plus je reviens au centre, plus je me mets à l'intérieur de moi. Il en va de même pour la partie verticale, entre le haut et le bas. Parvenu au centre de soi, nous pouvons nous laisser traverser par la dimension verticale que l'énergie créatrice nous propose de vivre. On ressent alors

1. *Kybalion*, *op. cit.*, p. 29.
2. Sketch *Le Bout du bout*.

en son cœur toute la force du symbole de la croix, on ne fait plus de la croix un objet de souffrance mais un objet de croissance, selon l'enseignement de Teilhard de Chardin. Mettons-nous dans notre cœur, dans notre centre, et nous cesserons peu à peu d'être accaparés par les influences vibratoires qui nous entourent.

Le principe du rythme

Il y a un automne, un hiver, un printemps, un été. Le cycle des saisons est l'image parfaite de la loi du rythme. À l'équinoxe d'automne, la graine se pose en terre. Puis, au solstice d'hiver, le rapprochement du Soleil et de la Terre va permettre au premier de réchauffer la seconde pour que la graine germe. À l'équinoxe de printemps, la petite pousse s'élève hors de terre, devient plante. Au solstice d'été, le soleil permet l'expansion des plantes, des arbres, de la nature entière. Tout est à maturation. Et ce cycle recommence chaque année : « Tout s'écoule, au dedans et au dehors, toute chose a sa durée, tout évolue puis dégénère. Le balancement du pendule se manifeste dans tout, la mesure de son oscillation à droite est semblable à la mesure de son oscillation à gauche, le rythme est constant[1]. » Tel est le principe du rythme.

1. *Kybalion*, *op. cit.*, p. 31.

L'énergie circule en toute chose selon un mouvement immuable de flux et de reflux. Tout atteint son zénith ou son nadir, tout ce qui monte descend et tout ce qui descend doit remonter, tout suit un mouvement de balancier dans lequel l'écartement du mouvement vers la droite est conditionné par l'écartement du mouvement vers la gauche. Et ce mouvement est perceptible en tout. Tout circule, tout ce qui entre doit sortir et ce qui sort doit entrer.

Les oiseaux font leur nid, pondent, l'oisillon naît et s'envole. Une conception, un fœtus, un bébé, un enfant, un adolescent, un adulte, jeune puis mature, un vieillard. De la naissance à la mort. Toute la vie est rythme et chacun a le sien, plus ou moins lent ou rapide. Le cœur bat à son rythme, mais quand il s'emballe, quelque chose ne va pas. Il faut neuf mois pour faire un nouveau-né, mais un peu plus, un peu moins, quelque chose ne va pas.

Écoutons et respectons notre rythme intérieur. Écoutons et respectons aussi le temps qui s'écoule au dehors – les saisons, le jour et la nuit, les phases de la lune, les marées… Épousons ce mouvement immuable plutôt que d'y résister, gardons-nous de toute forme de rigidité, faisons-nous roseau – ce qui plie de bonne grâce ne rompt pas –, conscientisons et acceptons l'impermanence de toute chose. Chaque commencement contient le germe de la fin et chaque fin contient le germe du commencement.

Le principe de causalité

Un homme vient me trouver parce qu'il est épuisé par la colère qui le hante sans répit. Plusieurs années de psychothérapie n'ont pas eu raison d'elle, elle perdure, puissante. J'essaie de remonter avec lui à la cause : elle se niche dans sa petite enfance. Sa mère était tout le temps dans une colère froide contre son père, une colère enfermée en elle. Son fils a repris à son compte cette colère muette, ou plutôt ses cellules l'ont faite leur.

Un autre homme vient me voir après un licenciement tout récent, qui le laisse anéanti. Son émotion est énorme. Je l'interroge sur son ressenti profond : « C'est comme une énorme baffe », me répond-il. Je regarde les résonances dans sa grille de vie[1] : je tombe sur un jour de son enfance où son père, sans que le petit comprenne pourquoi, lui a donné une claque violente. L'homme tient encore sa joue quand il en parle. La cause de son licenciement est dans la claque originelle.

« Vous ne pouvez pas guérir seul, dit Mère. Ce sont vos ancêtres qu'il faut guérir en vous. » Un ancêtre est mort sans avoir pu accomplir sa mission de vie. Aïe, mes aïeux[2] !

---

1. *Votre corps à une mémoire*, *op. cit.*, p. 82.
2. Selon le titre de l'ouvrage d'Anne Ancelin Schützenberger, *Aïe, mes aïeux !*, Desclée de Brouwer, 1998.

Si un enfant met sa main au feu, il se brûle et on ne peut pas dire que c'est la faute du feu. La cause est l'ignorance de l'enfant du danger de cet élément, l'effet est la brûlure. « Toute cause a son effet, tout effet a sa cause, tout arrive conformément à la loi, dit le principe cosmique de causalité. La chance n'est qu'un nom donné à la loi méconnue. Il y a de nombreux plans de causalité, mais rien n'échappe à la loi[1]. »

Toute cause engendre un effet, toute action provoque une réaction. Réciproquement, tout effet provient d'une cause et toute réaction d'une action. Car une action comporte un degré d'énergie qui impose qu'une énergie identique retourne à sa source ou à son créateur. Tout part d'un point pour y revenir et un effet égale toujours sa cause en qualité, en quantité et en intensité. Par conséquent, c'est en opérant au niveau de la cause que l'on change l'effet. Nous avons le pouvoir de revenir à la cause de notre expérience pour ne plus en subir l'effet et ce faisant ne plus avoir à endosser un rôle de victime. La chance, la fortune, le sort, le hasard sont des mots vides de sens, des manifestations de l'ignorance du principe de causalité.

La loi de causalité nous invite à voir, à accepter et à prendre la responsabilité de nos actes. Il nous

---

1. *Kybalion*, *op. cit.*, p. 33.

faut pour cela apprendre à ne pas nous attacher à un effet, mais à le traverser et à l'observer comme le moyen de revenir à la cause. Pour supprimer un effet, il faut d'abord en trouver la cause.

Le principe du genre

« Il y a un genre en toute chose. Tout a ses principes masculin et féminin. Le genre se manifeste sur tous les plans[1]. »

Ce principe ne doit pas être confondu, comme c'est souvent le cas, avec celui des polarités : masculin et féminin ne sont ni dissociés ni écartelés, mais complémentaires. C'est dans la réunification qu'ils puisent leur pouvoir de création : des enfants, bien sûr, mais aussi des idées, des mondes spirituels, des œuvres… Il n'est de création qui ne provienne de la complétude d'un masculin et d'un féminin.

Chaque être humain, tout comme chaque être minéral, végétal ou animal, réunit en lui une nature masculine et féminine et, de ce fait, est entier, complet, total et parfait. De même, l'homme et la femme sont deux êtres complémentaires et peuvent dans un mouvement de donner et recevoir reconstituer l'unité primordiale dans le couple et la sexualité.

1. *Id.*, p. 34.

Chacun est appelé à prendre conscience que cette complémentarité du féminin et du masculin est d'abord et avant tout à l'intérieur de soi. Ce couple intérieur (avec, le plus souvent, sa part dominante et sa part oubliée) est appelé à être rééquilibré. C'est le préalable pour expérimenter notre complétude et, de là, réaliser l'union du corps de l'âme et de l'esprit avec l'autre. Ce double processus se fait dans une danse avec soi-même comme avec notre partenaire, qui nous montre ce que nous avons oublié de nous. Il se révèle dans le dernier et ultime principe cosmique, qui ne s'énonce par aucune phrase, mais par un seul mot : l'amour, ce mouvement de donner et recevoir permanent.

Les sept lois cosmiques couronnées par le principe d'amour nous montrent que l'énergie créatrice est une source à laquelle nous pouvons nous abreuver à l'infini. Oui, l'essentiel est de se relier à la source, et cela n'est possible qu'à deux conditions. La première, évidente : connaître les lois qui gouvernent cette source. J'ai voulu dans ce chapitre vous transmettre cette connaissance à ma façon, la plus simple et concrète qu'il soit. La seconde condition est que nous fassions nôtres ces principes, dans notre esprit et dans notre corps, que nous nous exercions à les mettre en pratique, inlassablement, comme un musicien fait ses gammes chaque jour. Dès lors, soyez-en sûrs, ils viendront éclairer chaque instant de votre vie.

Chapitre 5

Les stades d'évolution de la conscience

« Quand nous avons dépassé les savoirs,
alors nous avons la connaissance. »

Mère

Comme toute chose dans l'univers, la conscience est appelée à se transformer pour se déployer dans un mouvement de plus en plus large et global. Sri Aurobindo, puis Teilhard de Chardin ont les premiers eu l'intuition de cette spirale évolutive de la conscience. Et c'est l'Américain Ken Wilber qui a mis cette compréhension à la portée du grand public en en proposant une approche simplifiée, avec notamment *Le Livre de la vision intégrale*[1] et *Grâce et Courage*[2].

La conscience, celle d'un individu comme celle d'une société, évolue. Par ce processus, elle traverse

1. Inter-Éditions, 2015.
2. Almora Éditions, 2011.

différentes étapes et accède, à chaque fois qu'une étape est intégrée, à un niveau plus élevé.

Pas plus qu'on ne décide des transformations inhérentes à la croissance et au vieillissement du corps physique, le franchissement de ces niveaux de conscience ne se fait de façon volontaire. Cela se fait. Pour certains, le processus sera plus long, plus ardu, demandera, si l'on admet l'existence d'un continuum de conscience, un plus grand nombre d'incarnations, mais dans tous les cas il se fera. Comme la chenille devient papillon, l'être humain est appelé à s'humaniser.

L'évolution d'une société et celle d'un individu ne sont pas nécessairement simultanées, loin s'en faut. Des individus ou des groupes peuvent avoir atteint un stade plus avancé que la société dans laquelle ils vivent ou demeurer au contraire à un stade antérieur. Mais l'individuel et le collectif s'influencent mutuellement, chacun est acteur de l'évolution de l'autre.

Il ne s'agit pas non plus d'un processus immuable. Il existe autant de chemins de conscience que d'individus. Au niveau collectif comme personnel, la route est jalonnée de détours, de paliers, voire de retours en arrière à chaque fois qu'une étape n'a pas été pleinement intégrée. Enfin, aucun stade n'est « meilleur » qu'un autre. Pour autant, chaque étape intégrant et transcendant la précédente, elle est porteuse d'une conscience toujours plus large et globale.

Les stades de la conscience

À l'aube de l'humanité comme de la vie du petit humain, la conscience est encore à un stade archaïque. Les pensées et les actes sont dictés par le seul instinct, la survie dans un environnement hostile, la satisfaction des besoins vitaux. L'individu, gouverné par ses émotions, est centré sur lui-même, sans conscience de l'appartenance à un groupe.

Vient ensuite le stade clanique (ou magique), quand l'intégration dans le groupe permet à l'individu, sacrifiant la satisfaction de ses désirs immédiats, de vivre dans la sécurité du clan. Ce faisant s'opère une prise de distance par rapport à l'environnement, désormais perçu comme un monde magique, mystérieux, gouverné par les esprits. À ce stade, l'individu est avant tout guidé par ses émotions.

Ensuite, c'est le début du « je », de l'*ego*. L'individu comme la tribu sont centrés sur leur territoire, dont il s'agit de défendre l'intégrité. C'est le stade guerrier, le règne de la puissance, de la force physique, du code d'honneur. Le monde est une jungle, il faut s'y battre pour en avoir le contrôle.

L'insécurité chronique de l'âge guerrier s'ouvre sur un besoin de sens et d'ordre. Pour cela, l'individu consent à s'en remettre au pouvoir absolu de la communauté. C'est le stade traditionnel (ou mythique), l'ère de la loi, de l'ordre, du conformisme, de la morale. L'être humain est entièrement dévolu à son rôle social. Les grandes religions apparaissent, la vérité ultime donne sens à la vie.

En réaction à cette autorité sans partage du collectif s'opère un basculement du côté de l'individuel et de l'avoir. C'est le stade moderne (rationnel), l'ère de la science, du progrès, du profit et de la réussite individuelle.

Le dépassement de cet égocentrisme ouvre sur le postmoderne (relationnel) qui projette l'individu dans une autre forme d'autonomie permettant à son espace intérieur de se déployer, sans pour autant se couper du collectif. Émergent les valeurs d'harmonie, de consensus, d'humanisme et de bien-être. Les règles et la hiérarchie ne sont plus acceptées si elles s'avèrent être une entrave à l'épanouissement individuel et collectif.

Dès lors peut advenir le stade intégral (évolutif). En vertu de son ouverture de conscience, l'individu accède à une dimension universelle, ouverte à ce qui le dépasse et qu'il ne connaît pas. C'est l'âge du mouvement, de l'intuition, de la diversité. Chacun est appelé à aller au plus haut de ses potentialités afin d'apporter sa création et sa vibration particulières pour le bien de tous.

Les souffrances de transition, des étapes obligées sur notre chemin

L'évolution de conscience se fait en chacun de nous de façon très subtile, au rythme de notre cheminement. Et nous pouvons, par notre regard intérieur, reconnaître le stade, l'étape où nous en sommes aujourd'hui, ou plutôt le ou les niveaux de conscience qui résonne avec telle ou telle part de nous. Aucun stade n'est bien ou mal, il est à vivre, à conscientiser et à traverser. La chose qui compte réellement n'est pas l'endroit où nous en sommes, mais le mouvement auquel il nous faut consentir pour que l'évolution puisse advenir. Laisser opérer ce mouvement n'est pas chose aisée, car le passage d'un stade à l'autre passe par une souffrance de transition, très perceptible. Comme si le stade que nous étions sur le point de quitter résistait à être abandonné. Bien sûr, c'est en réalité notre *ego* qui résiste pour nous maintenir dans un immobilisme qui, aussi inconfortable soit-il, a l'avantage d'être connu.

Chaque stade de conscience génère sa souffrance de transition caractéristique, née de la peur de perdre les valeurs auxquelles cette étape nous a permis d'accéder et sur lesquelles nous avons fondé notre existence et qui en ont fait le sens. On mesure le désarroi, le chaos même, qui peut naître de cette perte de repères : il nous faut renoncer à cela même qui autrefois nous a délivrés des carcans d'un niveau de conscience révolu, qui nous a fait grandir, qui nous a rendus plus fort. Non seulement cet abandon nous expose à une insécurité nouvelle, mais il nous fait lâcher une part de nous-mêmes qui fut salutaire en son temps.

Ainsi, quand vient le moment de sortir du stade archaïque, la souffrance de transition se fixe sur le refus d'accepter toute séparation, y compris la première, celle d'avec le ventre de la mère, le cordon ombilical et le placenta, que nous continuons à projeter autour de nous, attendant que l'autre rencontré guérisse cette souffrance.

Pour abandonner le stade magique, il nous faut dépasser la croyance dans le miraculeux, consentir à reconnaître que l'objet magique ou le rituel ne répond pas à notre attente. C'est l'histoire éternelle de tous ceux qui croient que leur guérison ou leur salut passe par le pouvoir des guérisseurs, des énergéticiens, des chamans, des exorcistes… C'est aussi l'histoire des doudous de l'enfance dont on a du mal à se séparer.

Le dépassement du stade guerrier est souvent accompagné d'une fatigue extrême et soudaine de se battre, d'être seuls contre tous. Nous sommes portés par une aspiration à rencontrer de vrais amis en même temps qu'empêchés par une incapacité à lâcher les armes et à abandonner le combat.

La sortie du stade mythique passe tout à la fois par la difficulté avec la loi et la règle, et le désir de cette loi et de cette règle, par la peur d'être exclus et non conformes, par la peur de « pécher » et d'être punis. Ici se cristallise la grande souffrance de la culpabilité, blessure de la religion mal comprise, qui infantilise l'être humain et l'empêche de prendre ses responsabilités, de voir qu'il n'est pas de faute, mais seulement des expériences qui, assumées et comprises, éclairent notre conscience.

Lorsque nous sommes appelés à quitter le stade moderne, c'est la peur de l'échec social qui cogne, la peur de ne pas réussir aux yeux des autres, la peur de perdre aussi, tout comme le besoin de se comparer à l'autre, ou encore celui de tout vouloir comprendre et démontrer par l'intellect.

Sortir du stade postmoderne implique de sortir du consensus, de l'unanimité, de l'empêchement à interdire (je m'interdis d'interdire, comme une impuissance). La souffrance de transition se manifeste aussi par une conscience trop vive de l'*ego*, qui cherche à tout s'approprier, empêchant le plus grand que soi d'opérer et d'agir en soi.

Enfin, l'abandon du stade intégral passe par le sentiment de rater le but de sa vie, expression d'une aspiration douloureuse et urgente à s'ouvrir au supramental décrit par Sri Aurobindo, c'est-à-dire une ouverture, au-delà du mental humain, à la conscience pure.

Ce que cette souffrance, cette sortie et ce dépassement de nous-même nous appellent, chacun de nous, à traverser me semble merveilleusement exprimé par l'histoire de la chenille et du papillon, une histoire enfantine peut-être, mais tellement signifiante.

Un mille-pattes qui a perdu une de ses pattes claudique dans le potager. Chaque matin, il en fait le tour, puis regagne son abri de mille-pattes. Mais un beau matin, alors qu'il fait comme tous les jours son tour de potager, il tombe en arrêt devant une petite chenille, une adorable chenille, jolie, gracieuse, vivante. Le mille-pattes et la petite chenille se regardent avec amour. Dans un élan immédiat, le mille-pattes invite la chenille à venir s'abriter chez lui et il se fait son protecteur, il la nourrit de belles feuilles de salade et de chou, il la cajole. La chenille est comblée de tant recevoir, le mille-pattes comblé de tant donner. Jusqu'au jour où la chenille se met soudainement à rejeter les dons de son bienfaiteur.

Alors que, la veille encore, elle se sentait la plus heureuse des chenilles, voilà qu'elle se replie sur elle-même, affirmant qu'elle aspire à autre chose. Sa plainte se fait de plus en plus forte… «Je ne sais pas ce que j'ai… J'ai envie d'autre chose…», ressasse-t-elle à longueur de journée. Et puis, un matin, alors qu'il revient de son tour de jardin d'où il rapporte les plus belles feuilles pour son amie, le mille-pattes ne voit plus la chenille. Il la cherche des heures et des heures, en vain. Il tombe dans un profond chagrin. Quand soudain, comme sortie du plafond de la maison, une voix se fait entendre : « Ne pleure pas ! Regarde, je suis là, je suis ta petite chenille ! » Le mille-pattes lève les yeux et découvre un beau papillon blanc virevoltant entre les poutres. « Ah certainement pas, tu n'es pas ma petite chenille ! » « Bien sûr que si, répond le papillon, c'est bien moi, ta petite chenille ! » Mais le mille-pattes ne veut rien entendre. Il refuse de reconnaître son amie. Alors le papillon s'envole à tout jamais.

Et vous, avez-vous rencontré le papillon en vous et autour de vous ?

Grandir en soi et en humanité

Nous avons tous en nous un mur, un refus profond de vouloir voir. Un refus de conscientiser notre *ego*, obstacle à la conscience en marche. Cet *ego*, nécessaire pour forger notre personnalité, doit retrouver sa juste place lorsque vient le moment de nous ouvrir à plus grand que nous. Quand vient ce moment ? Quand nos souffrances – expressions des besoins, des revendications, des empêchements d'un *ego* blessé – cognent trop fort à la porte. Nous sommes alors prêts à dépasser le petit non individuel qui résonne avec le grand non de l'humanité à chaque fois que se présente un plus large niveau de conscience.

Voir, accepter et dépasser ce qui résiste en soi aide la société entière à s'abandonner à l'énergie de ce qui doit advenir. À chaque pas de plus, nous séchons une larme de l'humanité. Nous nous humanisons. Nous faisons nôtre le corps de souffrance humaine auquel nous avons pris part en venant nous incarner et dont nous portons la mémoire. Conscientiser nos cristaux de résistance aide la conscience collective à se déployer davantage. Nous sortons de notre petite histoire pour prendre part à la grande histoire de la conscience universelle.

Chapitre 6

Le travail de transformation : au risque d'être soi

« Ce sont les ancêtres en nous qu'il faut guérir. »

MÈRE

Permettre à la conscience de se déployer dans une dimension intégrale commence, très concrètement, par reconnaître les schémas répétitifs de nos vies. Comme je l'ai longuement développé dans de précédents ouvrages, ce sont eux qui nous montrent la façon dont nous reproduisons des comportements construits à partir d'expériences de notre petite enfance mais aussi par la présence dans nos cellules d'ancêtres qui, faute d'avoir réussi à évoluer durant leur propre incarnation, continuent à le faire à travers nous. « Tu refais exactement ce que faisait ton père, ta grand-mère, ton oncle… » Rares sont ceux qui n'entendent pas un jour ou l'autre ce genre d'affirmations à leur égard, qui les agacent à juste titre pour ce qu'elles ont de caricatural, sans doute aussi pour leur petite part de vérité. Chacun peut, s'il veut bien être honnête avec lui-même, reconnaître qu'il fait des choses qu'il déteste, que son désir serait d'agir tout autrement. «Je ne fais pas le bien que je veux, mais je fais le mal que je hais» (saint Paul).

Nos ancêtres se répètent à travers nous

Pourquoi sommes-nous si souvent dans l'impossibilité de transformer une situation que nous ne voulons pas? Parce que nous sommes aveugles à nos schémas répétitifs. Sans l'étape de la conscientisation, rien ne se peut. Mais toutes les clés nous sont données pour le faire, car ces schémas, précisément en vertu de leur caractère répétitif, sont là pour nous aider à ouvrir une porte que l'on croit fermée. Ensuite, il nous reste à décider que l'empreinte qui en est la source se libère pour que cèdent les barrières de l'impossible.

Dans cette étape, l'arbre généalogique est d'une aide puissante pour faire apparaître l'héritage de notre lignée qui vibre en nous à l'insu de notre mental.

Un idéal en héritage

Solène a une certitude, elle veut et peut connaître le grand amour. Elle en rêve, elle en pleure, elle le cherche, mais aucune de ses rencontres ne lui procure ce à quoi elle aspire. Devra-t-elle finir par se satisfaire d'un compagnon qui n'a pas la beauté que désirent son âme et son cœur ? Lorsqu'elle prend son premier rendez-vous avec moi, elle vient de rencontrer un homme qui semble avoir les qualités qu'elle cherche, mais qui a brutalement mis fin à leur liaison.

Nous cherchons dans son arbre généalogique ce qui pourrait faire écho à cette entrave, à cet empêchement. Solène me raconte alors que sa grand-mère était tombée follement amoureuse d'un prêtre, lui-même follement amoureux d'elle. L'interdit étant posé sur leur rencontre, ils furent obligés de s'éloigner et de s'empêcher de vivre leur amour. La grand-mère avait avoué à sa petite-fille qu'elle s'était ensuite mariée sous la pression des conventions familiales et sociales, qui voulaient qu'une femme soit forcément épouse et mère. Mais elle n'aimait pas l'homme qu'elle s'était résolue à prendre pour mari et continuait à penser à son bien-aimé ; et cette pensée était particulièrement vive au moment de remplir son « devoir conjugal ». Nous venions d'identifier la pensée parasitaire qui, comme une maladie, continuait à vivre en Solène. Un conte biologique marqué de l'empreinte de l'amour impossible, inconsolé et inconsolable. Cependant, à la différence de sa grand-mère, Solène ne pouvait se résoudre à un couple médiocre.

Quelque temps après avoir commencé son travail thérapeutique, Solène voit revenir vers elle l'homme qu'elle aime. Il lui dit l'aimer mais être écrasé par son attente, trop grande pour ce qu'il peut donner. Progressivement, la jeune femme accepte de voir son amoureux comme il est, lui, et non comme elle voudrait qu'il soit. « Je te vois », peut-elle commencer à dire, comme dans le film *Avatar*. En ayant pris conscience de la puissance de cette grand-mère vivant encore dans ses cellules, elle apprend à lâcher l'homme idéal pour voir le compagnon réel, à renoncer à un échange égocentrique pour un véritable donner et recevoir.

Mes pas dans ses pas

Un médecin qui m'accompagnait dans la formation de mes élèves en mémoire cellulaire me raconta l'histoire d'un de ses patients, qui lui avait confié, désolé, que chaque matin, il marchait dans une crotte de chien. « C'est quand même incroyable, s'étonnait Pierre, tous les jours, c'est la même chose, je sors acheter mes cigarettes et boire un café et, sur le chemin du retour, ça ne rate jamais... » Ma consœur lui propose alors de le suivre, au sens propre, dans son rituel quotidien pour tenter de l'aider, d'identifier peut-être ce qui cloche. Il accepte.

Quelle n'est pas la stupeur de notre enquêtrice quand elle s'aperçoit que Pierre, chaque matin, tel un personnage de Jacques Tati, sort du café le nez plongé dans son journal, et pose tôt ou tard le pied dans la m… Le deuxième jour, la thérapeute tape sur l'épaule du distrait et lui dit en lui montrant le trottoir :

« Tu as vu ?

– Ah oui, j'ai vu…

– Alors pourquoi tu marches dedans ? »

Mais le lendemain, ça recommence. Un schéma répétitif dans toute sa splendeur !

Sidéré, le médecin aborde de nouveau le sujet lorsque son patient vient quelques jours plus tard pour sa consultation. Elle lui décrit de nouveau la scène pour tenter de le rendre spectateur de lui-même. Quand, finalement, Pierre murmure : « C'est pourtant drôle, on m'a raconté que mon grand-père marchait en lisant son journal et qu'il a fini par tomber dans un énorme trou et s'est cassé les deux jambes. »

Le corps sait tout

Le corps capte tout, absolument tout. Les vibrations de ses ancêtres, mais aussi les mots des personnes qui l'entourent – « le corps n'entend que les mots », dit Mère[1] –, leurs regards, leurs gestes,

1. Satprem, *Le Mental des cellules*, *op. cit.*

leurs pensées. Plus qu'à tout autre moment de la vie, le fœtus, puis le nouveau-né est une véritable antenne, attrapant la plus infime nuance dans une voix, une expression, un geste, une pensée… Autant d'informations qui sont comme de bonnes ou de mauvaises fées penchées sur le berceau, délivrant dons ou empêchements sur la toute nouvelle existence.

Une vie figée par un regard

Dix-huit mois avant la naissance de Cécile, la famille est réunie pour un repas de fête. C'est Noël. La mère de Cécile vient de coucher sa petite Joséphine, bébé de trois mois. À peine se met-on à table que Joséphine commence à pleurer. Sa mère décide de ne pas interrompre son déjeuner, Joséphine peut bien pleurer un peu. Au bout d'un moment, elle se rend dans la chambre pour vérifier que le bébé a fini par s'endormir. Mais ses yeux se posent sur un bébé sans vie. Une vision d'horreur, insupportable, inconcevable.

Un an et demi plus tard, Cécile vient au monde. La mère est encore hantée par la mort de sa précédente petite fille. Elle projette sur le nouveau-né un regard imprégné de l'enfant mort – « Toi, es-tu bien en vie ? » Pour second prénom, elle donne à Cécile le prénom de Joséphine. Elle demande à la famille et aux amis de ne pas faire de cadeaux de naissance, ni vêtements, ni médaille, ni gourmette, ni timbale en argent. Elle habille le bébé de la layette de Joséphine, lui met sa médaille et sa gourmette, desquelles elle a fait effacer le prénom de la morte pour inscrire celui de la vivante. Sur la timbale, elle laisse même le prénom de la première et ajoute dessous, en tout petit, celui de la seconde.

Cécile est un beau bébé, bien vivant, mais sa mère pose sur elle un regard anxieux, vérifie sans cesse que son sommeil est bien un sommeil. L'enfant capte le désespoir intime de sa mère. Adolescente, Cécile s'installe peu à peu dans la dépression. Devenue adulte, elle se retrouve régulièrement dans l'impossibilité de sortir de chez elle, elle se terre, le monde extérieur l'insupporte.

Lorsqu'elle vient me trouver, elle m'avoue qu'une quinzaine d'années de psychanalyse n'ont pas eu raison de sa mélancolie, tout juste l'ont-elles aidée à aménager un quotidien plus supportable. « Tu as tout compris avec ta tête, lui dis-je, mais l'information n'est pas descendue dans ton corps, au plus profond de tes cellules. » Cécile accepte patiemment de lâcher son mental pour descendre dans son éprouvé. Peu à peu, elle parvient à se dissocier de sa sœur morte, je la vois s'épanouir dans sa propre vibration. Je m'étonne cependant que cette ouverture ne se prolonge pas dans sa vie amoureuse.

Elle rencontre successivement deux hommes magnifiques, mais à chaque fois la relation tourne court. Un jour, alors qu'une histoire avec le second de ces hommes a commencé quelques semaines plus tôt, je la vois arriver avec sa tête des mauvais jours, vêtue d'une de ses jolies robes noires, qu'elle lâche pourtant de plus en plus souvent. Elle me dit qu'une fois de plus, l'histoire s'arrête là.

« Je me sens si mal, d'ailleurs là tu vois, je voudrais disparaître, me dissoudre sous terre, être invisible. Et puis je voudrais m'arracher la peau, je bouillonne, j'étouffe de l'intérieur… »

Je l'interroge :

« Dans quelle partie de ton corps ?

– Mais là, là, me répond-elle en montrant son visage. C'est comme si j'avais un masque !

– Et tu l'as, ce masque, quand tu es avec lui ?

– Non, évidemment ! Quand un homme comme ça me regarde comme ça, ça rayonne, ça rend tout vivant. Et s'il ne me regarde plus, ça se fige de nouveau, c'est bien normal, non ? »

Le regard de ces hommes venait réparer le regard d'effroi de la mère engrammé sur le visage d'enfant. Cécile doit maintenant redécouvrir au profond de son être son visage de vivante, ne plus attendre le regard de l'autre pour le faire vivre.

Notre responsabilité humaine

Nous portons tous la transmission de notre lignée, nos cellules n'oublient rien. Pour certains d'entre nous, comme le montrent les récits que je vous livre au fil de ces pages, cet héritage les empêche de vivre réellement leur vie. Pour d'autres, l'existence semble plus simple, moins contrainte par ces mémoires. Mais tous, nous devons nous souvenir que nous sommes responsables de l'humanité tout entière, et que cette responsabilité commence par notre lignée, celle qui nous succède, comme cela est admis par le plus grand nombre, mais aussi celle qui nous précède. Nous avons à prendre notre part dans l'évolution humaine, chaque petit pas que nous faisons pour nous, nous le faisons pour tous. Du reste, lorsqu'un membre d'une famille commence à se transformer, il n'est pas rare de voir les autres se transformer avec lui. Ce qui change en nous change le monde.

« Pour y dire ça va, mais pour y faire, c'est autre chose ! »

Connaissez-vous la délicieuse histoire du petit garçon lyonnais, qui, tous les jeudis, allait avec ses copains écouter le cordonnier du quartier. Ce cordonnier-là était d'un genre particulier, un prêtre-ouvrier qui n'avait pas son pareil pour raconter des histoires. Des histoires pour devenir meilleur... Elles convainquaient toutes les personnes qui les écoutaient qu'il était vain de rendre les coups reçus, de mentir ou de voler, qu'il y avait tout à gagner à donner la moitié de ce que l'on a, de prier chaque soir et chaque matin... Jusqu'au jour où le gamin vint trouver le prêtre et lui dit : « C'est tellement beau ce que tu racontes... Seulement, pour y dire ça va, mais pour y faire c'est autre chose ! »

Ce qu'exprime ce petit gone des traboules, vous l'avez peut-être ressenti en lisant ces pages sur la conscience, les schémas répétitifs, le couple, l'amour... Oui, « pour y dire ça va, mais pour y faire c'est tout autre chose » !

Et encore, la qualité d'attention que vous demande votre lecture vous fait peut-être déjà accomplir le premier pas vers le « y faire ». J'évoquais avec amusement ces livres de spiritualité jetés à la va-vite dans le Caddie du supermarché. Au fond qu'importe la façon dont ils sont acquis, si ces ouvrages sont ensuite lus loin de la frénésie consumériste. Mais ce constat traduit une réalité qui me dérange davantage... La spiritualité elle-même serait-elle en train de devenir un objet de consommation comme un autre ? Consommable sous forme de livres, de vidéos, de stages, voire de thérapies. En un clic, on peut désormais accéder à des conférences ou des interviews d'êtres exceptionnels par leurs parcours et leur évolution.

Pléthore de formations promettent de nous livrer la boîte à outils parfaite pour élever notre niveau d'énergie, élargir le champ de notre vibration, déployer le pouvoir de nos pensées. Comprenez-moi, je ne remets pas en cause la qualité de ces enseignements, quelle qu'en soit la forme. Ce que j'affirme, c'est qu'ils nous donnent l'illusion que le chemin de conscience s'achète pour quelques dizaines ou centaines d'euros, selon que l'on opte pour le format livre, CD, stage, thérapie, voire qu'il s'ouvre en accès gratuit sur YouTube. Mais n'est-ce pas un peu vite oublier que l'on ne s'empare pas du chemin, que le chemin est en soi ?

Penser qu'un maître ou un thérapeute puisse nous transformer, c'est encore croire que le changement vient de l'autre. Nul ne peut le faire pour vous, ni sur vous, si vous me pardonnez cette formule. Le retournement vient de l'intérieur, vous seul en tenez les rênes. Aucune transformation ne se fait par une intervention extérieure. Tout simplement parce que vous êtes un être humain et que votre liberté humaine est nécessaire à votre évolution. L'autre, qu'il soit maître, thérapeute, chaman, peut juste donner la première impulsion, un peu comme l'étincelle amoureuse peut permettre le premier pas vers l'amour véritable. Ensuite, il y a un chemin de patience et de conscience, nécessitant un engagement, une attention, une rééducation de chaque instant.

Que la spiritualité soit devenue une « denrée » si simple d'accès serait parfait si cela n'exposait à une situation plus désespérante encore que celle qui était la nôtre quand on vivait sans conscience. On y a cru, et puis quoi, ça ne marche pas. Pourtant, on a tellement compris, tellement écouté, tellement payé. Échouer alors que tant de blogueurs et « YouTubeurs » baignent dans leur bain de sérénité, surfent sur leur vibration élevée… Comme ma vibration à moi doit être basse, mon énergie être lourde, peuplée d'entités détestables attirées par mon aura immonde, pour que je retombe toujours dans les mêmes impasses. Dans le meilleur des cas, on retourne à son ancien système de vie et de pensée, et les dommages sont limités. Dans le pire, on entre dans la spirale infernale des formations ou des thérapies à la chaîne, à chaque fois avec la certitude d'avoir enfin trouvé la bonne, pour à chaque fois retomber dans une désillusion qui abîme un peu plus.

La rééducation

Soyons sérieux. La rééducation est difficile, disons même impossible, tant que l'on ne comprend pas qu'il s'agit d'informer nos cellules, de leur montrer comment jouer différemment leur partition. Pour filer cette métaphore musicale, avez-vous déjà discuté avec un musicien professionnel ? Vous a-t-il parlé de ses heures de travail quotidiennes, de ses gammes faites et refaites encore, de cette attention à la position de ses mains sur les cordes ou les touches, du travail sur sa respiration, sa posture, de l'exigence de ses professeurs ? Et cela n'a rien de décourageant si l'on veut bien se souvenir du sens de notre présence sur Terre. Nous avons choisi de venir faire une expérience dans la matière. Nous devons tout bonnement la faire, cette expérience, et pour cela négocier avec le poids, la résistance et l'inertie de cette satanée matière. Nous sommes venus pour cela ! Passer par nos chemins caillouteux pour entendre la musique céleste.

Alors, comment « y faire » ?

Pour faire advenir la conscience dans notre vie, nous devons rendre cette conscience de plus en plus présente dans notre vie. Comment ? En nous rééduquant à chaque instant. En nous observant dans nos comportements opposés à ce que nous souhaitons, accepter de nous voir dans ce mouvement pour avoir la force d'aller en sens inverse, en apprenant à nos cellules à faire autrement. Cela ne signifie pas que nous accomplissions de grandes et nobles choses, mais juste que nous soyons attentifs à ce petit geste, cette petite réaction, cette petite pensée… Pourquoi un autre pourrait-il le faire pour nous, quand nous savons exactement quelles sont ces choses minuscules où se joue, pour nous, le retournement.

Hélène, comme tant d'autres, vous ou moi peut-être, me disait qu'elle se désolait d'engloutir, chaque soir devant son écran de télé, une tablette entière de chocolat. Bien sûr, ce genre de comportement compulsif est l'expression d'une souffrance initiale, qu'un thérapeute peut aider à mettre au jour. Cette enquête-là, je l'avais menée avec Hélène. C'est une partie du chemin, essentielle, mais une partie seulement. Les cellules avaient entendu, elles devaient encore apprendre à ne plus rejouer incessamment la ritournelle exaspérante. Je proposais à Hélène de mettre sa tablette de chocolat dans un lieu inaccessible, ce qu'elle fit. Mais ce ne fut pas suffisant, l'appel du mouvement répétitif était trop fort. Alors nous avons mis au point une autre stratégie. Manger seulement trois carrés toutes les heures. Puis deux. Puis un seul. Jusqu'au jour où Hélène ne ressentit plus le besoin d'acheter du chocolat.

C'est cela le chemin de la transformation. Il semble banal, n'est-ce pas ? Oui, tristement banal ! Comme des gammes répétées chaque jour. La rééducation de nos cellules consiste en ce double mouvement : être dans la conscience du geste (se voir étant) pour modifier ce geste. Mais le modifier non pas en le combattant, mais en l'observant, en l'acceptant, puis en en changeant peu à peu, patiemment, la forme, l'orientation, l'inclinaison. Et si cela change tout, c'est parce que vous devenez l'acteur de votre mouvement, et non plus celui qui le subit aveuglément dans des conditionnements inconscients et ancestraux.

J'aurais pu évoquer mille autres cas, où se jouent des empêchements autrement plus impressionnants ou subtils, des douleurs et des révolutions autrement plus frappantes. Mais j'aime aussi à parler de ce petit morceau de chocolat. L'aventure de la conscience est partout, y compris au cœur de l'ordinaire.

Chapitre 7

Au-delà du corps physique

Ce concept qui a longtemps été réservé au champ religieux et spirituel tend à devenir une réalité admise par la science, preuves à l'appui. Nous ne sommes pas qu'un corps physique. Car aujourd'hui, les techniques de réanimation et de chirurgie permettent de « ramener à la vie » des patients qui ont fait un arrêt cardiaque, ou, certes plus rarement, dont le cerveau s'est arrêté de fonctionner. Ce second cas de figure est plus frappant encore puisque l'on situe la frontière entre la vie et la mort non plus à l'instant de l'arrêt de l'activité cardiaque, comme cela était admis autrefois, mais de l'activité cérébrale.

C'est ce qui s'est produit pour le docteur Eben Alexander[1], dont le témoignage, exceptionnel tout à la fois par son contenu et par l'identité de son auteur, un brillant neurochirurgien, jusque-là hermétique à tout ce qui dépassait les limites du

1. Eben Alexander, *La Preuve du paradis*, J'ai lu, 2015 (édition originale Guy Trédaniel, 2013).

tangible, n'était pas validé par la science. Comme toutes les personnes revenues de ces incursions de « l'autre côté », il nous raconte, nous « annonce », que notre corps est bien plus que ce que nous en percevons. « Chacun de nous est inextricablement connecté au plus vaste univers. Il est notre véritable demeure, et penser que ce monde matériel est tout ce qui compte revient à s'enfermer dans un petit placard et imaginer qu'il n'y a rien autour[1]. » Ce sont les mots d'un homme qui, jusqu'à sa propre expérience de mort imminente, « adorai[t] [...] l'absolue honnêteté et netteté de la science. [...] Si un fait pouvait être établi comme tangible et fiable, il était accepté. Sinon il était rejeté[2] ».

Non, nous ne sommes pas qu'un corps physique. Nous sommes aussi faits de corps subtils, qui sont au fondement même de l'être humain. C'est une dimension que l'on a du mal à appréhender, parce qu'elle fait vaciller notre conception et notre perception ultrarationalistes du monde. On ne croit que ce que l'on voit. Pour autant, cette réalité invisible à nos yeux a été rendue visible par un procédé photographique, mis au point en 1939 par Semyon et Valentina Kirlian – on parle de « photo Kirlian » –, montrant le halo lumineux qui entoure toute chose vivante : une plante, un

1. *Id.*, p. 219.
2. *Id.*, p. 59.

aliment, un animal et bien sûr un être humain. Ces enveloppes lumineuses et colorées montrées par ces images correspondent à ce que l'on appelle les corps subtils (ou aura). En prenant conscience de ces dimensions, nous pouvons peu à peu apprendre à les libérer de tout ce qui les encombre et nous entrave dans notre évolution. Nous ne sommes pas qu'un corps physique et, lorsque nous travaillons sur nous, nous n'œuvrons pas uniquement sur et pour ce corps physique.

L'architecture énergétique du corps humain

Les corps subtils sont au nombre de sept et, un peu à la façon des poupées gigognes, contenus les uns dans les autres. Il y a d'abord le corps éthérique – ou corps vital, comme l'appelle Mère – dont la vibration nous met en contact avec tout le vivant. Sa puissance énergétique est directement liée à celle de notre corps physique, et de ce fait dépend de notre façon de nous nourrir, de nous mettre en mouvement, de respirer.

Vient ensuite le corps émotionnel, sur lequel se fixe ce que nous n'avons pas pu exprimer et que nous avons enfoui. Il est également porteur de tous nos ressentis de colère, de jalousie, de compulsion, de regret, de rancune… Il peut de ce fait nous conduire à une véritable guérilla dans le désert, dit Mère. Avec lui, nous touchons le monde des âmes en errance (le monde astral), ces êtres qui sont morts et ne le savent pas, sont en difficulté avec une incarnation non accomplie et sont eux-mêmes porteurs des pollutions du corps émotionnel évoquées à l'instant. Nous sommes là dans le champ des illusions, des fantasmes, des peurs, tout ce qui peut nous faire vivre à côté et hors de la réalité, venant tour à tour l'enjoliver ou l'assombrir. Ces deux corps nous demandent une prise de conscience, une nécessaire prise de conscience. C'est à leur niveau que se jouent bien souvent les schémas répétitifs, leurs vibrations attirant des vibrations semblables, celles dont il nous semble si difficile de nous débarrasser, que nous vivons comme une emprise.

Ensuite, il y a le corps mental, ou plutôt les deux corps mentaux, le mental inférieur et le mental supérieur. Le premier est lié à l'intellect, la pensée, le rationnel, tout ce que l'on a besoin de comprendre. Trop puissant, il gêne le ressenti, le perçu, l'intuitif, c'est-à-dire le mental supérieur, qui a accès à ce qui est au-delà de l'intellect, aux impulsions données par des dimensions supérieures.

Puis il y a le corps spirituel, qui nous permet, de prise de conscience en prise de conscience, de contacter notre dimension d'homme debout, lorsque notre septième chakra est ouvert sur les plans supérieurs. Et enfin, au plus large, se trouve le corps causal – le domaine des causes –, où sont inscrites toutes les expériences, et qui donne accès au sens de notre vie. Le corps causal contient le tout, comparable à une graine ou un noyau, qui renferme à la fois la potentialité de notre être et sa particularité. Potentialité, qui peut advenir ou pas (« si le grain ne meurt »… le grain ne germe que s'il tombe en terre), et particularité, car un grain de blé ne peut donner qu'un épi de blé, unique, mais qui ne sera jamais épi de seigle.

Ces corps subtils sont reliés à sept portes d'énergie, appelées chakras[1], terme sanskrit qui signifie « roues ». Les chakras sont des capteurs, des transformateurs et des émetteurs d'énergie. Ils captent l'énergie créatrice, la transforment et la font circuler dans le corps.

Le premier chakra, également appelé chakra racine, est situé au niveau du périnée, qui est aussi le lieu des pulsions. Il capte l'énergie de la terre qu'il transmet au deuxième chakra (sous le nombril), également appelé hara, le centre. Le troisième chakra se trouve au niveau du plexus

1. De nombreux ouvrages en expliquent le fonctionnement. Ils peuvent être abordés par des chemins et avec des éclairages innombrables, propres à la compréhension de chaque auteur.

solaire, au creux de l'estomac. Il est le siège des émotions et des mémoires. L'afflux de l'énergie des deux premiers chakras aide ce corps émotionnel à prendre conscience de ses blocages. Vient ensuite le chakra du cœur, entre les deux seins, qui porte les émotions de l'instant présent et, comme nous allons le voir, a une capacité de transformation, d'alchimisation de l'énergie. Notre cinquième centre énergétique est au niveau de la gorge : il est le lieu de l'expression et, s'il est encombré, celui des sanglots non libérés, des paroles non dites. Entre les yeux, le sixième chakra, également appelé troisième œil, est le siège de la perception plus profonde, de la conscience, de la vision claire et juste. Enfin, au sommet du crâne, le chakra coronal capte, tel un entonnoir, les énergies célestes.

Les énergies des trois chakras « inférieurs » et des trois chakras « supérieurs » (au sens où ils se situent dans les parties inférieure et supérieure du corps) se retrouvent dans le chakra du cœur, qui a la capacité de faire se rejoindre l'énergie de la terre et l'énergie du ciel et de les transformer en énergie d'amour, laquelle baigne alors le corps physique et tous les corps subtils.

« Voir » ne sert à rien

J'ai évoqué en introduction de ce livre le voyage que j'avais entrepris il y a une quarantaine d'années pour rencontrer les médecins philippins. Mon intention était précisément d'apprendre à percevoir toute cette dimension subtile du corps humain. Je l'ai dit, cette décision était une façon de prendre à contre-pied les recommandations de mon maître. Pour une part également, elle venait assouvir la curiosité qui anime beaucoup d'entre nous quand nous découvrons l'existence de ces dimensions plus vastes. Nous voulons les percevoir, les capter. Mais, à l'origine de ce voyage, il y avait aussi et surtout la volonté sincère d'aider davantage mes patients. Je pensais qu'en allant contacter, dans leurs corps subtils, leurs douleurs, leurs sensations, leurs émotions, leurs pensées rigides, leur intellect envahissant, je pourrais les aider à lâcher prise à tout cela et à se réunifier. Seulement, comme je l'ai raconté également au commencement de ce livre, j'ai bientôt compris, auprès des médecins philippins eux-mêmes, qu'aller retirer la manifestation de la maladie ne suffisait pas, il fallait aller en toucher la cause.

Pourtant, je le reconnais, étant devenue capable de percevoir l'aura (la poupée gigogne dans son entièreté), il m'arriva dans les mois qui suivirent cette initiation de faire une lecture des corps subtils de certains de mes patients, convaincue que cela pouvait les aider. Jusqu'à ce matin, où, alors que je me laissais distraire par cette « lecture » au cours d'une consultation, le portrait de Mère accroché au mur de mon cabinet me sembla bouger, à tel point que je fus prise d'un vertige. Pensant que je n'avais pas suffisamment petit-déjeuné, je sortais un instant pour prendre une poignée de fruits secs. Mais de retour dans mon cabinet, je fus prise du même vertige. Incapable de poursuivre plus avant, je dus interrompre la séance et, après m'être excusée auprès de mon patient, j'annulais les autres rendez-vous de la journée. Et je me retirais. De nouveau, il m'était rappelé que je faisais fausse route. « Voir » ne sert à rien. Ce qui m'était demandé n'était pas de travailler « sur » mes patients mais de les guider dans leur chemin d'évolution, à travers et avec la conscience. Mon rôle était de les aider à avancer sur leur chemin de conscience et de les soutenir dans les difficultés qui ne manquent pas de se présenter.

Nul ne peut faire pour vous !

La dimension énergétique du corps humain est réelle – comment en douterais-je étant donné mon chemin de vie et ce dont je témoigne une fois de plus à travers cet ouvrage ? Et la capacité de certains d'entre nous à percevoir cette dimension, à intervenir sur elle et à la guérir est tout aussi réelle. De tout temps, des êtres (appelés guérisseurs, rebouteux, énergéticiens, chamans...) ont aidé par leur don particulier à soulager les souffrances, physiques et psychologiques. Il se trouve qu'aujourd'hui, par une réhabilitation des thérapies dites non conventionnelles, de plus en plus de monde choisit de les solliciter pour trouver une solution à leurs souffrances. Le soulagement advient, oui, mais la guérison ?

Chacun de nous sait bien ce qu'il en coûte de rééduquer un corps physique – quand il s'agit de se débarrasser de cinq, dix, cinquante kilos de trop, de se sevrer du tabac, de l'alcool ou de l'héroïne. Il n'en est pas autrement de nos autres corps. Par quel miracle, pour ces corps-là, un homme ou une femme providentiel et « connecté » pourrait identifier et nettoyer d'un coup d'un seul la ou les vilaines ombres qui « plombent » nos corps subtils ? Quelle foire aux illusions...

La guérison est en nous, pas à l'extérieur de nous. Personne ne peut prendre le pouvoir sur l'autre. La guérison s'inscrit durablement dans la matière seulement si nous en devenons l'acteur. Pour guérir, les corps subtils demandent une rééducation et un engagement sincère. Seuls l'entrée en soi-même – qui passe, pour ce qui concerne la méthode de mémoire cellulaire, par le processus de descente dans le corps, comme je l'ai largement décrit dans mes précédents livres – et un travail de rééducation permettent un chemin d'évolution. Faute de cela, nous pourrons aller trouver tous les énergéticiens de la terre, cela ne changera rien. Durant les trois ou quatre jours qui suivront la séance, oui, on se sentira mieux, plus léger, plus vivant, moins douloureux. Mais le cinquième jour… Si aucune prise de conscience du dérèglement qui a été capté par l'énergéticien dans les corps subtils n'est faite dans le quotidien, ni suivie d'un réapprentissage dans la matière, alors on replongera dans le même bourbier. Et notre soin énergétique nous aura juste fait dépenser un peu plus d'argent.

Il ne s'agit pas de dire que les soins énergétiques sont vains. Au contraire, ils peuvent être le déclencheur de la prise de conscience, l'aide qui, en soulageant la douleur, en dénouant le blocage, va rendre ces derniers supportables et permettre à la personne d'y mettre de la conscience. D'ailleurs, nombre d'énergéticiens le reconnaissent, à l'exemple du thérapeute à qui je passe la parole maintenant. Son témoignage et le mien s'éclairent mutuellement.

L'histoire d'un don : « Ce que je guéris en moi, je peux le guérir en l'autre »

« Mes perceptions et le savoir de mes mains, je les ai longtemps mis sous le boisseau. Cela a commencé lorsque j'étais tout petit, autour de trois ou quatre ans peut-être. Je voyais des gens, j'entendais des voix. Pour autant, je ne me pensais pas foncièrement différent des autres. Ça fonctionnait par périodes. Il y avait des phases de retrait et d'autres très intenses, plus ou moins agréables du reste, voire terrifiantes, notamment dans des lieux au passé historique compliqué.

Vers mes dix-huit ans, il y eut une période excessivement pénible, les endroits où je me sentais en sécurité devenaient de moins en moins nombreux, les présences devenaient incessantes et de plus en plus fortes, parfois jusqu'à l'audible. Alors, suite à un épisode particulièrement traumatisant, j'ai décidé de mettre mes perceptions de côté. Lorsqu'elles "pointaient leur nez", je faisais en sorte de me concentrer sur des fréquences plus denses, que je trouvais par exemple dans l'univers des jeux vidéo, qui fut pour moi une grande échappatoire, ou dans la pratique des sports de combat. Peu à peu, mes perceptions se sont taries, comme n'importe quel don auquel on ne laisse pas de place, que l'on ne fait pas vivre, que l'on ne travaille pas. Cela m'a permis de retrouver un peu de structure, de paix. Et j'ai pu expérimenter la "normalité" ! Je me suis inscrit au conservatoire, je faisais de la musique, du théâtre, je sortais avec mes copains, je vivais une vie de jeune. Il y a bien quelques petits cadeaux qui m'étaient donnés quand la situation se présentait, pour aider l'un ou l'autre de mes proches à soulager une douleur. C'était simple, sans intention particulière, je posais mes mains, ça fonctionnait, tout était bien.

Seulement, la nécessité m'a rattrapé, j'ai eu besoin de mon don ! Ça s'est passé quelques jours après la mort de mon père. J'étais alors très sportif et, chaque matin, je commençais ma journée par une séance d'entraînement. Mais ce matin-là, en me relevant de ma série de pompes, j'entends un premier "clac". Ce n'était qu'un début, ça a duré une heure vingt. Quinze clacs, quatorze vertèbres qui sautent, la tête du fémur sortie de la hanche. Verdict des médecins : on opère et on place une barre de fer dans la colonne. Ensuite ? Une vie dans un fauteuil roulant, un statut de personne handicapée et la fin de mes deux activités favorites, les arts martiaux et la danse. Je suis posé sur mon canapé, la colonne en Z, et j'envisage ce que serait ma vie de personne handicapée, j'essaie de me faire à l'idée, d'imaginer très concrètement ce que pourrait être cette existence et de tenter un début d'acceptation. Et, alors que je suis plongé dans cette exploration de mes options, une petite voix me dit : "Fais pas ça." Ce fut le premier point d'entrée dans ma réouverture énergétique, ce "fais pas ça". C'était presque une supplication qui venait du fond de moi. Mais quelle solution ? Est-ce ce qui traîne là depuis des années et que j'ai mis en sourdine ? À cet instant, je sens la source de cette petite voix que je m'efforce d'assécher depuis des années faire une minuscule inspiration. Une inspiration, un début de vie. Et, pour la première fois, je décide d'utiliser mon don de façon consciente.

Mon outil, ce sont mes mains, ce sont elles qui savent, elles qui me donnent le point d'entrée. Mon but était de commencer à réappréhender mon corps, qui n'était alors qu'une boule de douleur, une douleur hallucinante qui partait du haut de la nuque jusqu'au bas des pieds. Il m'a fallu arriver à la contourner pour en comprendre la forme. Une fois que j'ai réussi à sortir de la sensation d'être juste de la souffrance et à discerner la forme de cette souffrance, l'étape suivante fut de poser une intention bienveillante, c'est-à-dire à la limite de l'acceptable, à la limite de la sécurité. Et, partant de ce début de contact, de trouver un chemin pour réparer en périphérie, pour petit à petit remettre en place.

C'est de là que tout est parti : prendre conscience de la forme de ma douleur et dans cette forme trouver un chemin de soulagement, c'est-à-dire non pas se mettre sur la zone en souffrance, mais l'explorer jusqu'à y trouver un point qui permette d'y pénétrer et d'interagir avec elle dans le respect, la douceur et la bienveillance. Par ce processus, j'ai pu recréer de la sensation, sur cette sensation retrouver de l'équilibre et sur cet équilibre inscrire une mobilité. Comme je partais de l'immobilité quasi complète, peu m'importait le degré de mobilité. Mais je voulais qu'elle soit en équilibre et en justesse, et la faire grandir sur cette base. Avec beaucoup de patience, d'aide, de rechutes aussi, j'ai réaligné mes vertèbres.

La guérison prit des années. Mais son processus, en l'expérimentant et en le validant sur moi-même, m'a conduit à envisager de le mettre au service des autres. Ce que je guéris en moi, je peux le guérir en l'autre. C'est un chemin initiatique.

Nous avons tous notre propre chemin initiatique à accomplir. Mon don, mes perceptions, ma curiosité, mon savoir-faire, sont des outils qui me permettent de dégager ce qui entrave et encombre le chemin des personnes qui viennent me voir. Le travail accompli sur mon propre corps, physique et éthérique, je le mets aujourd'hui au service de mes patients. Mais rien ne se fait s'ils n'entreprennent pas ensuite une rééducation, ne s'engagent pas dans leur propre travail intérieur. Tôt ou tard, la programmation d'origine se réactive. Cela indéfiniment tant que nous ne remontons pas à la cause des causes pour pouvoir désactiver ce programme, qui a eu toute son efficacité, toute son intelligence puisqu'il nous a ni plus ni moins permis de survivre face au trauma initial, mais qui n'a depuis plus de sens. Ce chemin, nul ne peut le faire pour l'autre. Le rééquilibrage que j'apporte à un niveau énergétique et émotionnel ne peut s'ancrer durablement sans conscientisation, sans compréhension, sans acceptation d'aller toucher la racine du nœud. C'est il me semble ce que permet de façon particulièrement pertinente la méthode de la mémoire cellulaire. Ceux de mes patients qui sont engagés dans ce travail, en amont ou parallèlement à mes soins, sont parmi ceux pour qui cet ancrage se fait le plus efficacement. »

Jean-Jacques Pécheur-Casanova, thérapeute

Chapitre 8

« Et si l'homme perdait la mortelle habitude de mourir » (Mère)

Mourir, pour la plupart des gens, c'est cesser de vivre, d'exister, d'être. « Et si l'homme perdait cette mortelle habitude de mourir ? », rétorque Mère. La question vous fait sursauter ? Et pourtant, tout le travail de transformation, d'évolution auquel est convié l'être humain ne consiste-t-il pas à aller retrouver, pour le faire vivre, tout ce qui ne meurt pas en soi ?

Le grand détachement

Jusqu'à l'aube de mes soixante-dix ans, je n'avais pour ainsi dire jamais eu à fréquenter les dentistes. Mais, un matin, alors que je me brosse les dents, l'une d'elles tombe dans le lavabo. C'est un choc. Le choc est plus violent encore quand j'entends le diagnostic de la dentiste énergéticienne que je n'avais eu à consulter jusque-là que pour de simples contrôles routiniers. « Vous démarrez une parodontite, m'annonce-t-elle, et je vais devoir extraire deux autres dents. »

Certes, une fois la sidération surmontée, j'acceptais d'entendre ce que mon corps cherchait à me dire par ce symptôme. En décodage biologique, un déchaussement des dents manifeste une parole insuffisamment exprimée ou entendue. « Il y a bien des choses dont j'ai choisi de ne pas parler ici, parce qu'elles demandent du temps et qu'il faut tout un chemin pour qu'elles soient vues et entendues » : c'est sur ces mots que, comme je le rappelle au début de ce livre, je concluais mon précédent ouvrage. Demeuraient en moi des paroles non dites et mon corps ne me l'envoyait pas dire !

Mais au-delà du sens de cette maladie dans l'histoire de mes cellules, il était une réalité brute et brutale : une à une, mes dents étaient lâchées par ma mâchoire et tombaient. Je les perdis toutes. Un coup de tonnerre. « Mais bon sang, où est le sens ? » Cette exclamation s'inscrit bien vite dans nos pensées au moment où apparaissent les signes de la vieillesse. La révolte est volontiers associée aux années de jeunesse, la sagesse à l'âge de la maturité, mais la révolte que nous inspire la déliquescence de notre corps résonne parfois avec les colères de nos vingt ans !

Cette confrontation avec la perte de notre corps physique ne nous laisse qu'une alternative : s'accrocher coûte que coûte à son enveloppe charnelle ou bien s'en détacher peu à peu, se rendre présent à ce processus pour en comprendre le sens. C'est un long chemin. Un chemin qui m'a demandé et me demande encore d'apprendre à vivre ce qui jusque-là n'avait été qu'un concept. Car c'est une chose que d'être séduit, voire convaincu, par le principe que la mort n'est pas cesser de vivre, d'exister, d'être, c'en est une autre que de traverser ce que la mort est malgré tout – la perte du corps physique – et ce qu'elle exige de nous – les renoncements successifs à ce corps. La route est longue, mais, chemin faisant, tandis que notre attachement à notre enveloppe physique se fait moins prégnant, la voie d'accès vers l'essentiel se fait plus large. Pas à pas, chaque microdétachement nous fait contacter ce qui en nous ne meurt pas, ce qui continue et continuera à vivre. Et c'est une expérience immense en vérité que de ressentir dans notre chair que nous sommes plus grands que notre corps physique, que la mort est une étape de la vie.

Ce renoncement, c'est très tôt dans notre existence – et pas nécessairement par de grands séismes comme le fut pour moi la perte de mes dent – que nous sommes invités à y consentir. Une première ride, une peau moins ferme, moins lumineuse, les premiers cheveux blancs… Ces petites marques du temps qui nous font nous exclamer à propos d'une personne que nous rencontrons après cinq, sept, dix ans sans l'avoir croisée : « Bon sang, elle a pris un coup de vieux ! » Constat que, naturellement, est aussi prompte à faire à notre égard cette ancienne connaissance bien que, puisque ces mots seront dits loin de nos oreilles, nous puissions nous bercer de l'illusion que nous, nous n'avons pas tant changé que cela.

Et puis, à ces griffures du temps sur notre peau et nos cheveux, succèdent les coups plus rudes : l'usure de la vue, puis de l'audition, et, finalement, l'enrayage de toute la machine… Le pas est moins alerte, l'allure moins souple, les articulations coincent et grincent. Autant de soucis mécaniques qui viennent nous rappeler que le corps n'est que le véhicule acheminant notre conscience dans ses expériences avec la matière. Un véhicule sert à se déplacer, à voyager, il est un moyen, il n'est pas l'être. Et, dans ce détachement qui lui est demandé, notre conscience doit, de nouveau, accepter pour permettre la transformation.

« Ce n'est pourtant pas bien compliqué, le temps passe et Je dure, l'histoire se déroule et l'être est. Derrière les tribulations du monde, il y a quelque chose qui lui permet de changer sans cesse et de rester le même à travers les changements : c'est Moi. L'herbe pousse, les enfants meurent. Derrière le monde qui se fait et s'écroule, qui ne se fait que pour s'écrouler, qui s'écroule et se refait, il y a cet être immobile, éternel, infini, hors de l'espace et du temps, qui hante l'esprit des hommes plongés dans l'espace et dans le temps et guettés par une mort dont il leur est interdit, à eux qui comprennent tout, qui changent tout, qui se croient la fin de tout, de ne jamais rien savoir[1]. » J'aime rapprocher ces mots magnifiques de Jean d'Ormesson de ceux du sage indien Ramana Maharshi : « Naissance et renaissance relèvent du domaine physique. Vous vous identifiez à votre corps. C'est une fausse identification. Vous croyez que votre corps est né et mourra ensuite. Vous confondez deux ordres de valeur. Connaissez votre moi réel et ces questions ne se poseront plus[2]. »

Non, ces questions ne se poseront plus et, comme le dit Mère, « l'homme perdra la mortelle habitude de mourir ».

Oui, mais voilà, le fait est là, tenace. La mort fait peur. Si tenace qu'il est au cœur de toutes les traditions spirituelles et religieuses et qu'il est sans doute la première « motivation » qui pousse les hommes à se tourner vers ces traditions ou à revenir à elles.

1. Jean d'Ormesson, *C'est une chose étrange à la fin que le monde*, Robert Laffont, 2010.
2. Cité par Marc de Smedt dans *Paroles d'Orient*, Albin Michel, 2008.

L'acte de mourir est la grande affaire de notre vie. L'acte de mourir est un événement physique et psychique qui porte la marque d'une solitude glacée, de la peur face à l'inconnu ultime. Bien sûr, il y a les enseignements millénaires, qui nous disent que la mort n'est qu'un passage vers une autre forme de vie. Bien sûr, il y a les témoignages innombrables de ces personnes revenues de cette zone entre vie et trépas et qui nous disent qu'après, c'est encore la vie. Bien sûr, il y a les progrès de la médecine, qui permettent de déplacer de plus en plus loin la frontière de ce qui est accessible à notre conscience et confirment les enseignements des sagesses immémoriales. Tout cela devrait faire tomber nos peurs. Et c'est le cas, jusqu'à un certain point. Quand pour chacun de nous l'échéance approche, les mots, aussi forts soient-ils, deviennent quantité négligeable.

Car la mort, comme toute étape sur le chemin de la conscience, est un apprentissage. Et cet apprentissage ne s'acquiert pas avec les mots, autrement dit avec le mental. La mort s'apprend dans et par le corps. C'est en habitant toujours plus profondément notre véhicule terrestre que nous devenons capables de le lâcher. Cet apprentissage peut passer par une initiation, telles que celles qui accompagnaient les grandes étapes de l'existence dans les sociétés traditionnelles. C'est du reste pour renouer avec cette dimension initiatique que j'ai voulu proposer, avec les thérapeutes qui m'accompagnent, un séminaire ayant l'ambition de permettre à chacun d'aborder le rivage d'une mort sans peurs, et cela sans voiler nos pires effrois.

Mais cet apprentissage, c'est aussi notre vie entière qui nous le donne, dès lors, comme je le répète et le répète encore au fil de ce livre, que nous nous rendons conscients à nous-mêmes et à chacune de nos expériences. Un enseignement donné par la vie, à l'image de l'histoire de ce petit garçon qui avait entamé un bras de fer avec la mort…

Le petit garçon qui avait un vieux compte à régler avec la mort

« C'est en entendant une patiente de Myriam raconter son histoire que tout est revenu, se souvient Yves. Une jeune femme qui n'arrêtait pas de répéter que la mort de sa mère lui avait été cachée. De cette mort, survenue alors qu'elle avait cinq ans, rien ne lui avait été dit, rien n'avait été vécu, la maladie, les derniers moments de vie, les funérailles, tout avait été tenu loin de son regard. Face à ce vide épouvantable, la petite fille, avait entamé une partie de bras de fer avec la mort. La jeune femme qu'elle était devenue vibrait d'une colère et d'une agitation de chaque instant.

Ce jour-là, j'ai dit à Myriam : « Il faut croire que moi aussi j'ai un vieux compte à régler avec la mort. »

Moi, j'avais neuf ans quand c'est arrivé. Mais cela avait commencé bien avant, à mes quatre ans. J'entends dire et redire encore que maman, enceinte de ma petite sœur, son dixième enfant, est fatiguée. Peu de temps avant venait de se produire une chose qui m'a toujours poursuivi. Ce soir-là, des voisins étaient venus boire quelques verres de cidre à la maison. Maman ramasse les bouteilles vides pour aller les entreposer à la cave, de l'autre côté de la cour. Elle sort de la maison, traverse la cour pas éclairée et ne voit pas une brouette restée en travers de la porte de la cave. Elle culbute par-dessus. Bruit de verre brisé, le hurlement de maman, rejoint par les cris de toute la maisonnée qui se précipite dehors. Moi, sans cesse dans ses jupes, je suis juste derrière elle, paralysé. Cette chute est-elle déjà la conséquence de sa maladie ? Ou en est-elle la cause, comme je l'entendrai dire ? C'est en tout cas une des hypothèses que j'attraperai au vol à cette époque où j'ai sans cesse l'oreille aux aguets. Maman est fatiguée, maman est malade. Alors je fais tout mon possible pour l'aider, pour la défatiguer. Un jour qu'elle est affairée à séparer les blancs des jaunes d'une douzaine d'œufs pour faire un grand gâteau, je m'empare du saladier avec les blancs pour aller les jeter dehors, sur le tas de fumier. Cela la met dans une colère folle, “il a cassé le gâteau”, dit-elle à mon père qui tente de la calmer ! Je voulais lui faire plaisir. Cette paralysie, cette empreinte de culpabilité resteront accrochées à moi pendant longtemps. Car bien sûr personne ne me dit rien. Moi-même comment pourrais-je exprimer quoi que ce soit puisque je ne comprends pas le sens de ce qui m'arrive ?

“Fatiguée”, “malade”, ces mots, j'ai l'impression de les entendre sans cesse durant ces quatre années, entre mes cinq et mes neuf ans. Mais aujourd'hui, je ne sais toujours pas de quoi elle était malade. Elle s'absente de longs mois pour aller chez une cousine à une cinquantaine de kilomètres de la maison, le bout du monde. Elle revient passer un jour ou deux avec nous. C'est la fête. On est tous autour d'elle, tous ses marmots, séparés de quatorze, quinze mois les uns des autres. J'attends mon tour de câlin, en retrait, patiemment. Mais quand vient mon tour, c'est fini, ça suffit, maman est fatiguée. Je ravale mon chagrin.

Depuis mes cinq ans et demi, je suis en pension, avec mes trois frères. Je ne vois maman qu'aux vacances scolaires. Quand elle n'est pas chez sa cousine. Depuis des mois, à la pension, il y a des chaînes de prières pour que maman guérisse. Je m'y sens bien dans ces kilos de chapelets pour chasser la maladie. Quelle maladie ? Je ne sais pas. Silence.

Et puis un matin de février 1954, nous sommes appelés dans le bureau du directeur. Une religieuse est là aussi. Le ton est grave. Il y a encore les mots "très malade". Et puis non, pas seulement. Finalement, c'est: "Votre mère est morte." Mes frères fondent en larmes. Moi, ça bloque. Je dis: "C'est pas vrai." On nous fait traverser la cour sous le regard de tous les autres pensionnaires pour rejoindre la 2 CV de la sœur qui va nous ramener chez nous. Une cour remplie de garçons qui s'arrêtent de jouer! Un silence de mort.

À la maison, maman est étendue sur le grand lit, habillée dans son costume traditionnel breton. Elle est belle. Elle a trente-sept ans à peine. Autour de ses mains, le chapelet, sous son menton, un gros livre de messe – durant des années, je serai persuadé que le livre sous le menton est un rituel aussi immuable que le chapelet autour des mains. Avec mes frères et sœurs, on la regarde, on commente, on dit qu'elle a bougé, on se fait tout un cinéma. Les adultes ne nous réprimandent pas, ils sont pleins de gentillesse, mais ne nous disent rien.

Deux jours plus tard, c'est le matin des funérailles. On est tous autour du lit, dix enfants de deux à seize ans, tous habillés "en dimanche", robes ou culottes courtes, et jambes violettes, dans cet hiver 1954 où les records de froid sont battus. L'image est émouvante, comme je le perçois dans le regard de la famille, des amis, des voisins qui défilent. À un moment, quelqu'un me soulève – je suis léger pour mes neuf ans – et me dit : "Tu vas embrasser ta maman pour lui dire au revoir." Enfin, je vais l'avoir mon câlin ! Mais son visage est froid, je fais le mouvement de m'essuyer la bouche. Je suis redéposé sur mes pieds et j'entends un : "Allez, on ne pleure pas quand on est un homme !" Ont-ils fait pareil avec mes frères et sœurs ? Je ne vois plus rien... Je ne comprends rien... Mais j'ai mal au cœur. Si, je me revois avec ma sœur en voiture, on nous épargne les cinq kilomètres de marche jusqu'à l'église. On attendra, transis de froid, tous les autres qui suivent le cercueil transporté dans un char à bancs conduit par un cheval dont la bride est tenue par papa. La cérémonie est belle, toute d'ornements blancs. Je suis impressionné. La seule chose qui me révolte à ce moment est une phrase de notre cousin prêtre qui prononce l'oraison : "Prions pour Françoise que Dieu a rappelée à lui." Ça, ce n'est pas vrai. Mais je n'en veux pas à Dieu, même s'il y a en moi un grand sentiment d'injustice.

Les jours suivants, on se retrouve dans la chambre de mes parents, la chambre mortuaire, pour dire cinq dizaines de chapelets, ceux-là mêmes que l'on récite chaque jour depuis notre plus jeune âge. De cette chambre je me souviens de l'odeur. Insupportable.

Trois mois après la mort de maman, mon père a une infection pulmonaire ou la tuberculose, c'est selon. Ça va recommencer, les versions qui changent comme les jours, les mensonges. Avec mes frères, nous décidons de faire le mur pour aller voir ce qui se passe. Nous arrivons au pied du lit, le grand lit où maman est morte ! Papa ne nous gronde pas et nous ne nous sentons pas coupables. Le directeur vient nous récupérer et les chaînes de prières recommencent. Mais cette fois, la guérison arrive.

Durant toutes ces années, celles qui ont précédé la mort de maman et celles qui ont suivi, je reste dans l'incompréhension. Avec une certitude cependant : tout ce qui entoure la maladie et la mort n'est que mensonge. Je n'ai pas pu, pas su, pas voulu entendre ce qui s'est passé. Le mensonge des autres et le mien, à moi-même, le tiraillement entre le désir de savoir et de ne pas savoir. L'adulte que je suis devenu s'arrange avec ces blancs, regarde ailleurs. Quand je suis amené à rendre visite à un proche à l'hôpital, je ne tiens pas, ou plutôt je tiens deux minutes. Bonjour-au revoir et je déguerpis. L'odeur. Ma réputation commence même à me précéder, je fais rire les infirmières, il faut croire que je suis drôle dans ma fuite.

Bien sûr, une envie de comprendre est là, mais étouffée. Il faut la rencontre avec cette jeune femme, sa révolte en reflet de ma propre révolte, pour que ça jaillisse, que l'envie de comprendre se transforme en décision de comprendre. Peu à peu, en parlant de toutes ces choses avec Myriam, je me sens invité à ne plus les esquiver, à mettre des mots dessus.

La maladie, la mort. Je commence à tourner mon regard vers ces questions, prudemment, un regard en coin en somme. D'accord, mensonge tout ça, d'accord, ce n'est pas Dieu qui l'a rappelée, mais je peux peut-être commencer à comprendre, maintenant que je suis grand. Commencer à chercher le sens. Car, bon sang, il doit y avoir un sens ! Cela ne signifie pas tant retourner dans tous les sens les causes de la mort de maman que de consentir à rester plus d'un instant aux côtés d'un ami malade qui a besoin de moi, malgré la panique de ce que je vais pouvoir lui dire, malgré ma précipitation à mettre des mots tout de suite, pour meubler le silence, pour meubler ma souffrance, ma révolte. Cette révolte et cette souffrance m'ont permis d'entendre l'appel pour aller plus loin dans cette quête de sens : je suis devenu prêtre-ouvrier[1].

1. Les prêtres ouvriers ont choisi de vivre au milieu de tous, en vivant, par leur métier, un compagnonnage au jour le jour. Ils sont nés au lendemain de la Seconde Guerre mondiale, dans les années 1940, à l'initiative de prêtres qui, par l'expérience des camps de travail ou de la déportation, ont mesuré le fossé qui existait entre l'Église et le monde populaire. Ils ont choisi de s'intégrer davantage dans la société, y compris en ne portant pas de signes distinctifs, et non de s'en extraire.

Le compte à régler avec la mort n'est pas fini. L'interrogation me rattrape, si je puis dire. La noyade de mon neveu de quatre ans. Et le cri de son père, mon frère : "Qu'est-ce qu'il fout ton Bon Dieu ?" Comme une gifle. Pourtant, alors que je préside la cérémonie des obsèques comme la famille me l'a demandé, quelque chose se passe, des mots viennent, pour dire qu'il y a là quelque chose à prier, à honorer dans cette mort inqualifiable. Et puis je parle intérieurement au petit, je me mets dans sa présence, je le ressens. Il est là. Ça se fait comme une évidence, cette présence, là, ce contact qui nous relie, simplement en me mettant en présence. Dès lors, ce ne sera plus jamais qu'un simple cercueil qui sera devant moi.

Les mots viennent aussi quand mon frère me dit qu'il pense attendre que son autre fils, un pensionnaire de neuf ans, soit de retour aux prochaines vacances scolaires pour lui annoncer la mort de son petit frère. L'idée me paraît impensable : "Non, on ira le voir ! Ça va comme ça le silence, le mensonge." Et de partir mon frère et moi à Font-Romeu, dans les Pyrénées, nous qui n'avions jamais vu la montagne, pour voir le petit, et trouver le moment et les mots. Et son père dit vrai. Et le môme vit les choses, aussi insoutenables soient-elles. À son retour pour les vacances, le garçon sera capable d'en parler, aura besoin d'en parler.

La vie encore quand un lundi matin, j'arrive à l'usine et qu'on m'annonce le décès de mon copain Patrick, un accident. Je prends contact avec la femme de Patrick pour lui proposer de m'occuper de l'enterrement. Elle me hurle dessus : "Ce n'est pas juste, on n'a rien fait au Bon Dieu !" Ce cri de nouveau, une gifle. Je raccroche. Deux jours plus tard, je vais rejoindre les collègues, quatre cents bonshommes, tous bouleversés. De nouveau, des mots me viennent, dire qu'on ne peut pas rester plantés là, que quelque chose de la vie et de l'amitié continue. Mais quand j'arrive à l'atelier l'après-midi, personne ne me parle. Ça me met en colère… "Vous me faites la gueule ou quoi ?" "On avait un peu oublié que t'étais curé. On a besoin de digérer." Comme eux, je vis cette mort comme une injustice, mais je tente un mouvement, un questionnement. C'est quoi la vie ? C'est quoi la mort ?

La vie, qui s'acharne. Quinze jours après, on m'annonce le suicide d'un autre collègue, mon grand copain Michel, retrouvé pendu dans son appartement. Son frère qui travaille dans la même usine me demande de l'accompagner pour aller le voir. Je me retrouve au pied du lit, devant le corps, le frangin à la porte, incapable d'entrer dans la chambre. J'essaie de parler à Michel, mais là, cette fois, c'est comme un vide. Quand je raconte ça à Myriam, elle me répond comme si cela tenait de l'évidence : « On ne peut pas entrer en contact avec un suicidé. » Myriam se réfère par cette réponse aux enseignements sur la mort[1], mais moi je reste avec ça, et ça ne me satisfait pas, ça sonne comme un dogme, ça m'emmerde.

Peu de temps après, je préside l'enterrement d'un jeune garçon suicidé aussi. Et là, lui et moi vivons un contact qui me bouleverse plus que tout. Je prie, je lui parle. “Va vers la lumière.” Et une émotion intense me traverse “des pieds à la tête”. Il m'entend.

“Entre le pont et l'eau, qui sait ce qu'il se passe”, disait le Curé d'Ars[2]. Non, on ne sait pas, il n'y a rien que l'on puisse affirmer.

Nous continuons à cheminer avec ces questions. Je suis toujours avec mon tas de révolte, mais je l'apprivoise. Et j'ai envie d'aller plus loin.

Quelque temps après, je rencontre, à la Maison de vie que Myriam vient de fonder, une toute jeune femme atteinte d'un cancer. Alors que son séjour s'achève, je conviens avec elle que j'irai lui rendre visite à Paris dans le service de soins palliatifs qu'elle s'apprête à rejoindre. Le moment venu, je

1. Issus, entre autres, de la tradition tibétaine. Voir l'ouvrage de Michel Coquet, *Comprendre la mort pour connaître la vie*, Alphée, 2010.
2. Saint Jean-Marie Vianney (1786-1859), dit le Curé d'Ars.

me retrouve en réalité bien démuni, là, assis à côté d'elle. Mais je suis là. Un peu plus tard, elle me dit : "Je te vois, je suis au plafond." Je ne me moque pas, j'entends ses paroles. Et j'ose lui prendre la main. "Ça fait du bien", murmure-t-elle. En même temps, il y a toujours mon envie de partir, ma difficulté à m'attarder dans ces endroits. L'odeur.

Des années plus tard, je reçois un appel de la femme d'un élève de Myriam, Jean-Claude. Elle me dit que son mari vit ses derniers jours. La famille habite dans les environs de Rennes, et je m'apprête justement à partir dans la région pour animer un stage pour l'entreprise qui m'emploie à cette époque. Comme une coïncidence. Mais voilà que j'apprends le même jour que le stage est reporté à la semaine suivante. Navré, j'appelle l'épouse de Jean-Claude pour lui annoncer les nouvelles dates de ma venue. Je suis coincé en région parisienne, impossible de venir avant. « Jean-Claude sera parti », me répond-elle.

Pourtant, non, à mon arrivée le lundi suivant, il est toujours là. Et je vais vivre avec lui mon premier accompagnement d'un mourant. C'est lui, Jean-Claude, qui a énoncé le désir que je sois là. Deux soirs durant, je vais me rendre à ses côtés après mon travail. Nous avons de beaux moments d'échanges, sur sa vie, sur ce qu'il a construit. Et je me surprends à ne plus ressentir cette envie de foutre le camp.

Pourtant, la maladie, pourtant, l'odeur. Mais la vie aussi. Ma présence, comme une médiation, semble aider les deux fils de Jean-Claude à vivre vraiment, chacun à leur façon, leurs derniers moments auprès de leur père. Le plus jeune est infernal, il fait tout pour attirer l'attention de son père, il est insupportable, c'en est beau ! "Qu'est-ce qui lui prend ?", dit Jean-Claude. Mais au fond, lui comme moi sommes totalement avec le gamin, nous l'accompagnons. Un peu plus tard, l'aîné entre dans la chambre. Je fais le mouvement de sortir, mais les deux me disent en chœur de rester. Ça n'a jamais été simple entre le père et le fils, c'est une relation sous tension. Mais ce soir-là un "je t'aime" peut être dit entre ces deux-là. "Va donc chercher une bonne bouteille à la cave", lance alors Jean-Claude à son fils. On débouche la bouteille de cidre, on la goûte. "Y en a du meilleur", déclare Jean-Claude. On en débouche quatre ou cinq comme ça avant d'avoir le bon goût, celui que cherche Jean-Claude, à la hauteur du moment, un "je t'aime" d'anthologie, impensable, impossible à prononcer jusqu'à ce soir-là.

La nuit après cette soirée je me réveille vers les trois heures du matin en entendant : "Yves ! Yves !" J'ouvre les yeux, personne. Le matin, j'appelle la femme de Jean-Claude. "Il a eu une nuit agitée, il t'a appelé." Je reviens le soir, Jean-Claude ouvre les yeux : "Tu es là, c'est bien." Quelques mots encore. Je pose la main sur sa tête. Il s'éteint doucement. J'ai senti qu'il m'attendait pour oser le passage avec une conscience éveillée et forte.

Tout naturellement je reste avec la famille les jours suivants. Il y a ce moment, la toilette du mort terminée, où je reviens dans la pièce avec le plus jeune fils. Il hurle. "C'est pas vrai ! C'est pas mon papa !" Il a raison le gamin, le corps a été ridiculement arrangé et maquillé. Deux ans plus tard, le garçon me redira encore que ce n'était pas lui qui était là, mensonge. Il n'aura pas fait le deuil.

Vient le jour de l'enterrement, de nouveau, je préside la cérémonie. Et forcément j'y mets les mots récoltés lors de ces derniers moments. C'est une belle célébration, la célébration de la vie de notre ami qui s'en va. Une cérémonie qui apaise tant de choses en moi. Car je sais désormais qu'il est possible de regarder la souffrance d'un frère en face dès lors que ce regard n'est pas passif. Un regard, une présence qui ne font pas travailler la tête, qui ne mettent pas des mots à tout prix, mais une attitude simple, sans intention, à l'écoute, attentive. Une présence active. Qui n'exclut pas que des paroles soient dites si la personne en a besoin, ce qui est souvent le cas.

En accompagnant mon ami, je viens de m'engager pleinement sur un chemin d'apaisement de ma révolte face à la mort cachée, face à la mort mentie. Dès lors, je peux commencer à aller à l'hôpital et rester "tranquillement" avec le malade sans guetter la porte de sortie. J'ai appris à oser parler, oser toucher, oser rester. »

La mort, un passage

Il me semble que cette histoire donne une clé, une réponse intuitive aux questions de chacun, une direction pour cheminer vers une mort sans peur. On comprend, à travers notamment l'expérience de Jean-Claude, que le long travail que celui-ci avait entamé pour accepter sa maladie lui a permis de vivre sa mort en paix, aidé et accompagné par son ami. Un accompagnement qui se fait jusqu'à l'instant du passage. Ensuite, le chemin se poursuit seul, et cela quelle que soit la qualité d'amour, d'empathie, de dévouement de ceux qui entourent le mourant. Dans l'acte de mourir, la séparation de la conscience d'avec le véhicule physique est un choc réel et solitaire. Mais il se vivra d'autant mieux que la force de la conscience sera là.

Osons la comparaison avec le lancement d'un satellite et sa mise en orbite : le satellite a besoin de la force de la fusée pour se propulser. La fusée, c'est notre conscience, mais aussi l'amour et la présence de ceux qui nous accompagnent. Arrivée à la bonne « altitude », la fusée se détache et le vaisseau continue seul sa trajectoire.

« La vie et la mort sont en fait une seule et même chose, écrit Sri Aurobindo, et l'on peut dire, en se plaçant de différents points de vue, que toute mort n'est qu'un processus et une transformation de la vie, ou bien que toute vie n'est qu'une activité de la mort. Toutes deux sont en réalité une même énergie dont l'activité se présente à nous sous deux aspects complémentaires[1]. »

Comme la naissance, la mort est un passage d'un état de conscience à un autre. Le passage vers la vie est un processus qui commence dans l'acte sexuel des parents, se poursuit dans la vie fœtale et s'accomplit réellement au moment de l'accouchement, lorsque l'enfant se donne naissance avec l'aide des contractions de sa mère. Mais ce passage se fait dans la même solitude que le passage vers la mort. Mon cabinet déborde de ces nouveau-nés devenus grands dont la naissance a été prématurée, provoquée, contrainte, de bébés pas nés à la bonne heure. Or, il n'y a, à l'heure de la naissance pas plus qu'à l'heure de notre mort, rien à provoquer.

Comme au seuil de la vie, il y a au seuil de la mort un mystère, un instant sacré dans lequel personne

1. Sri Aurobindo, *La Pratique du yoga intégral*, Albin Michel, 1987.

d'autre que celui qui le traverse ne peut prétendre s'immiscer. Ce qui ne nie en rien le fait que, tout comme nous pouvons accompagner dans le respect et la douceur, sans rien forcer, l'arrivée d'un nouveau-né, nous puissions accompagner le départ d'un mourant et aider sa conscience à se détacher.

Mais il faut pour accompagner un mourant avoir soi-même touché ce qui en soi ne meurt pas. C'est à cette condition que l'on peut se glisser dans les mouvements de l'âme de celui qui s'en va, dans une présence et une créativité relationnelles, dans cet amour que l'on dit inconditionnel, qui n'a pas peur, qui ne préjuge pas, qui ne retient pas.

Il peut être difficile pour des proches d'offrir cette présence qui « autorise » à partir. D'ailleurs, on voit parfois un mourant se détourner de ceux qu'il a aimés, se fermer à eux, et rechercher le contact avec une personne « étrangère », un soignant, un bénévole qui sait être là, simplement. Une présence calme qui laisse la liberté de mourir quand et comme on « veut ». Car le mourant est un vivant et sa souffrance est immense si cette dimension lui est confisquée. Tout comme chaque être vivant a sa façon bien à lui d'aimer, d'échanger, de se nourrir, d'apprendre, en un mot de vivre, chaque être vivant a sa façon bien à lui de mourir, façonnée par une mémoire, des sentiments, des peurs, une pensée qui s'interroge.

Il n'y a pas *une* « bonne recette », *un* « bon modèle » pour *une* « bonne mort ». C'est là une illusion qui non seulement n'est d'aucune aide pour celui qui part, mais prive celui qui reste de ce quelque chose de particulier qu'il a à apprendre en accompagnant et en étant témoin de cet instant unique vécu par un être unique.

Accompagner n'est pas guider. Accompagner, c'est, au moment où un être humain se sent dépossédé de lui-même et de ce qui l'entoure, l'aider à s'habiter jusqu'au bout, à rester en contact avec la part de lui qui ne meurt pas, son intimité, son « chez soi », pour aller sans peur vers son destin.

***

Au moment où je termine ce chapitre sur la mort, qui est aussi le moment où je m'apprête à entrer dans ma quatre-vingt-sixième année, comment ne pas ajouter quelques mots sur la perspective de ma propre mort ? Comme tout un chacun, je ne peux présumer de ma force lorsque viendra le moment. J'espère simplement qu'à cet instant comme à l'instant où j'écris ces mots, j'aborderais ce rivage sans peur. Mais aucune certitude ne peut être portée sur une expérience par définition inconnue.

Pour autant, je crois profondément que nous traversons ce grand passage tels que nous sommes au moment de quitter notre incarnation. C'est l'enseignement que nous donnent les grands textes spirituels, c'est aussi une intuition qui s'installe en nous au fur et à mesure que s'ouvre notre conscience. Il arrive également que la vie nous en donne une démonstration « grandeur nature ». Ce fut le cas pour moi lorsque, à deux reprises et à quarante ans d'intervalle, je me suis retrouvée au seuil de la mort. La première fois, les médecins me disaient « foutue » et les opérations m'avaient laissée dans un état de souffrance morbide, vide de toute envie de vivre. J'étais une morte vivante. Et je reconnais aujourd'hui que cet état était le mien depuis bien des années, la maladie n'en avait été que le révélateur. Car j'étais un être humain dont la conscience était balbutiante, autrement dit un être humain dans la négation de son humanité. Mon chemin de conscience a commencé avec cette maladie, lorsque, accompagnée du maître qui m'a été envoyé au milieu de ce chaos, j'ai décidé de vivre. Mais avant ce retournement, cette expérience aux confins de la mort m'avait propulsée dans un océan de noirceur.

Il y a deux ans, alors que je me retrouvais de nouveau sur la table d'opération et au plus près de la mort, l'expérience qu'il m'a été donné de vivre fut l'exact miroir de la précédente. Cette fois, cette incursion aux frontières de l'après-vie fut une plongée dans la lumière. Ma lumière intérieure, née de la petite flamme vacillante allumée il y a quarante ans, s'est retrouvée enveloppée, imprégnée, portée par une lumière indicible, un nouveau soleil, selon les mots d'Elisabeth Kübler-Ross[1]. Approcher ce soleil, c'est entrer dans la non-matière, c'est quitter notre enveloppe terrestre pour aborder une réalité que l'on ne peut décrire que par ce qu'elle n'est pas, tant les mots sont impuissants à dire ce qu'elle est.

Les deux états d'être diamétralement opposés, dans lesquels je me suis aventurée à cette frontière, m'ont convaincue que tel que nous sommes dans notre vie, tel nous vivons notre passage de la vie à la mort.

Oui, ce qui est en haut est comme ce qui est en bas.

« Frères, quelqu'un pourrait dire : “Comment les morts ressuscitent-ils ? Avec quelle sorte de corps reviennent-ils ?” Réfléchis donc ! Ce que tu sèmes ne peut reprendre vie sans mourir d'abord ; et ce que tu sèmes, ce n'est pas le corps de la plante qui va pousser, mais c'est une simple graine : du blé, par exemple, ou autre chose. Ainsi en est-il de la résurrection des morts. Ce qui est semé périssable ressuscite impérissable ; ce qui est semé sans

1. *La mort est un nouveau soleil*, éditions Le Rocher, 1990.

honneur ressuscite dans la gloire ; ce qui est semé faible ressuscite dans la puissance ; ce qui est semé corps physique ressuscite corps spirituel ; car s'il existe un corps physique, il existe aussi un corps spirituel.

L'écriture dit : le premier homme, Adam, devint un être vivant ; le dernier Adam – le Christ – est devenu l'être spirituel qui donne la vie. Ce qui vient d'abord ce n'est pas le spirituel, mais le physique ; ensuite seulement vient le spirituel. Pétri d'argile, le premier homme vient de la terre ; le deuxième homme, lui, vient du ciel. Comme Adam est fait d'argile, ainsi les hommes sont faits d'argile ; comme le Christ est du ciel, ainsi les hommes seront du ciel. Et de même que nous aurons été à l'image de celui qui est fait d'argile, de même nous serons à l'image de celui qui vient du ciel. »

(Première lettre de saint Paul aux Corinthiens [15, 42-49].)

Contacter en soi ce qui ne meurt pas, n'est-ce pas déjà une résurrection ?

Là s'arrêtent les mots, pour faire place à l'écoute de ce qui en soi est plus grand que soi.

Postface

Alors que je terminais ce livre à la fin de l'été, une conversation avec une amie très chère est venue me « chercher », me bousculer, me déranger. Mon amie rentrait de vacances et je la retrouvais traversée par un véritable désespoir. La campagne où elle passait une partie de ses étés depuis son enfance mourait sous ses yeux. Bien sûr, la transformation s'opérait depuis des années, les haies et les bosquets arrachés pour libérer le passage pour les machines agricoles, les zones d'activités tentaculaires, les constructions anarchiques… Mais cette fois, cette lente destruction prenait une tournure apocalyptique. Elle devenait audible : plus un bruissement d'insecte ne se faisait entendre, plus un chant d'oiseau. Un silence de mort.

Et mon amie de laisser éclater sa rage envers les responsables ou les complices de ce « crime », comme elle qualifiait le déversement des pesticides dans la terre, dans les rivières et les océans, dans l'organisme des insectes et des oiseaux, dans le pistil des fleurs…

J'avoue que son désespoir me fut violent. Je comprenais son chagrin pour cette nature en souffrance, bien sûr, mais un tel désespoir… N'y a-t-il plus d'espoir, vraiment ?

Je sais combien tout pousse à cette désespérance. Des continents de plastique étouffent les océans, les terres et les mers se vident de leur vie. Et pourtant. Je sais qu'un nombre incalculable de personnes méditent pour la planète, élèvent leur conscience pour élever celle de toute l'humanité. C'est un pari fou peut-être, mais c'est dans ce minuscule interstice que réside la possibilité d'un retournement.

Je n'ai eu de cesse de répéter dans ce livre combien notre libération intérieure, notre évolution sur le chemin de la conscience passe par une rééducation de tous les instants, par notre attention à chacun de nos gestes, de nos paroles, de nos pensées. Une personne qui comprend et pratique cette écologie intérieure œuvre pour l'écologie globale, elle devient présente à sa Terre, la respecte et agit pour elle. Notre univers est relation et chaque vibration individuelle vibre à l'humanité entière.

Vie et mort sont une seule et même chose. Tout ce qui naît doit mourir. Ce à quoi nous assistons n'est pas la fin du monde mais la fin d'un monde. Quelque chose est à naître, mais pour cela, il nous faudra sans doute passer par des événements très durs, qui du reste sont déjà là, sous nos yeux, dans cette planète souffrante et agonisante.

J'ai dit dans ces derniers chapitres combien je crois que chacun est appelé à entrer dans l'acceptation de sa propre mort pour préparer son passage vers une autre forme de vie, consentir à lâcher son corps physique pour pouvoir renaître sur un autre plan. Le corps de notre mère la Terre doit passer par les mêmes étapes. Nous devons regarder bien en face la possibilité de sa mort, et non regarder ailleurs quand « notre maison brûle[1] », selon la fameuse formule dictée par Nicolas Hulot à l'oreille de Jacques Chirac. C'est en entrant dans cette conscience, sans nous accrocher à ce qui doit mourir, en acceptant de descendre au plus bas que nous pourrons, peut-être, remonter au plus haut. L'énergie engendrée par ce lâcher-prise uni à un déploiement de conscience pourrait permettre le basculement. Une conscience en action, présente dans chaque manifestation de la matière, une conscience qui voit, dit et agit. Oui je veux croire et j'affirme que cette conscience-là peut faire contrepoids aux forces destructrices.

1. Discours prononcé à la tribune du quatrième Sommet de la Terre en 2002.

Merci d'avoir choisi ce livre Eyrolles.
Nous espérons que sa lecture vous a intéressé(e) et inspiré(e).

Nous serions ravis de rester en contact avec vous et de pouvoir vous proposer d'autres idées de livres à découvrir, des nouveautés, des conseils, des événements avec nos auteurs ou des jeux-concours.

Intéressé(e) ? Inscrivez-vous à notre lettre d'information.

Pour cela, rendez-vous à l'adresse go.eyrolles.com/newsletter ou flashez ce QR code (votre adresse électronique sera à l'usage unique des éditions Eyrolles pour vous envoyer les informations demandées) :

Merci pour votre confiance.
L'équipe Eyrolles

P.S. : chaque mois, 5 lecteurs sont tirés au sort parmi les nouveaux inscrits à notre lettre d'information et gagnent chacun 3 livres à choisir dans le catalogue des éditions Eyrolles. Pour participer au tirage du mois en cours, il vous suffit de vous inscrire dès maintenant sur go.eyrolles.com/newsletter (règlement du jeu disponible sur le site).

PEFC
10-31-2541
Certifié PEFC
Ce produit est issu de forêts gérées durablement et de sources contrôlées.
pefc-france.org

Composé par Soft Office
Achevé d'imprimer par Normandie Roto Impression s.a.s.
sur papier bouffant Munken Print 80g
N° d'imprimeur : 1900328
Dépôt légal : février 2019

Imprimé en France